O USO DOS ADJETIVOS EM PASQUINS

Editora Appris Ltda.
1.ª Edição - Copyright© 2023 dos autores
Direitos de Edição Reservados à Editora Appris Ltda.

Nenhuma parte desta obra poderá ser utilizada indevidamente, sem estar de acordo com a Lei n° 9.610/98. Se incorreções forem encontradas, serão de exclusiva responsabilidade de seus organizadores. Foi realizado o Depósito Legal na Fundação Biblioteca Nacional, de acordo com as Leis n°s 10.994, de 14/12/2004, e 12.192, de 14/01/2010.

Catalogação na Fonte
Elaborado por: Josefina A. S. Guedes
Bibliotecária CRB 9/870

D541u
2023

Dias Jr, Jurandir F.
  O uso dos adjetivos em pasquins / Jurandir F. Dias Jr. – 1 ed. –
Curitiba : Appris, 2023.
  151 p. ; 21 cm. – (Linguagem e literatura).

  Inclui referências.
  ISBN 978-65-250-5379-0

  1. Língua portuguesa – Adjetivo. 2. Jornalismo. 3. Sátiras brasileiras.
4. Humorismo brasileiro. 5. Língua portuguesa - História. I. Título.
II. Série.

CDD – 469.56

Livro de acordo com a normalização técnica da ABNT

Appris editora

Editora e Livraria Appris Ltda.
Av. Manoel Ribas, 2265 – Mercês
Curitiba/PR – CEP: 80810-002
Tel. (41) 3156 - 4731
www.editoraappris.com.br

Printed in Brazil
Impresso no Brasil

JURANDIR F. DIAS JR.

O USO DOS ADJETIVOS EM PASQUINS

FICHA TÉCNICA

EDITORIAL Augusto V. de A. Coelho
           Sara C. de Andrade Coelho
COMITÊ EDITORIAL Marli Caetano
                  Andréa Barbosa Gouveia - UFPR
                  Edmeire C. Pereira - UFPR
                  Iraneide da Silva - UFC
                  Jacques de Lima Ferreira - UP
SUPERVISOR DA PRODUÇÃO Renata Cristina Lopes Miccelli
ASSESSORIA EDITORIAL Priscila Oliveira da Luz
REVISÃO Samuel do Prado Donato
PRODUÇÃO EDITORIAL Bruna Holmen
DIAGRAMAÇÃO Bruno Ferreira Nascimento
CAPA Lívia Costa

COMITÊ CIENTÍFICO DA COLEÇÃO LINGUAGEM E LITERATURA

DIREÇÃO CIENTÍFICA Erineu Foerste (UFES)

CONSULTORES
Alessandra Paola Caramori (UFBA)
Alice Maria Ferreira de Araújo (UnB)
Célia Maria Barbosa da Silva (UnP)
Cleo A. Altenhofen (UFRGS)
Darcília Marindir Pinto Simões (UERJ)
Edenize Ponzo Peres (UFES)
Eliana Meneses de Melo (UBC/UMC)
Gerda Margit Schütz-Foerste (UFES)
Guiomar Fanganiello Calçada (USP)
Ieda Maria Alves (USP)
Ismael Tressmann (Povo Tradicional Pomerano)
Joachim Born (Universidade de Giessen/Alemanha)
Leda Cecília Szabo (Univ. Metodista)
Letícia Queiroz de Carvalho (IFES)
Lidia Almeida Barros (UNESP-Rio Preto)
Maria Margarida de Andrade (UMACK)
Maria Luisa Ortiz Alvares (UnB)
Maria do Socorro Silva de Aragão (UFPB)
Maria de Fátima Mesquita Batista (UFPB)
Maurizio Babini (UNESP-Rio Preto)
Mônica Maria Guimarães Savedra (UFF)
Nelly Carvalho (UFPE)
Rainer Enrique Hamel (Universidad do México)

A Pia,
Maria da Piedade Moreira de Sá

A Martha,
Maria Martha Sampaio Mendonça

AGRADECIMENTOS

A Deus, a vida cheia de surpresas e conquistas.

À Minha Família, em especial, à minha mãe, Eloiza, e aos meus irmãos, Hugo, Adriano e Mariana. À minha sobrinha, Maíra.

À Profa. Dra. Gláucia Nascimento, a constante disponibilidade e o apoio em tantos momentos.

Ao Prof. Dr. Marlos de Barros Pessoa, a forma simples e humana.

À Profa. Dra. Valéria Gomes, ao olhar tão pertinente sobre minhas anotações.

À Profa. Dra. Rose Mary Fraga, pela disponibilidade e prontidão.

À Profa. Dra. Nelly Carvalho, a presença amiga e acolhedora.

A todos, o meu muito obrigado!

PREFÁCIO

Pouco se sabe sobre as características linguísticas dos textos jornalísticos do Brasil do século XIX. De fato, depois do Projeto para a História do Português Brasileiro (PHPP), realizado por pesquisadores de diferentes universidades brasileiras, alguns gêneros da imprensa brasileira passaram a ser investigados, sobretudo do ponto de vista de sua natureza morfossintática, dentre eles os anúncios, que ganharam edições e estudos mais aprofundados no interior desse projeto. Mas os textos mais críticos publicados pelos pasquins não receberam o tratamento que coube ao gênero citado. Muitos dos jornais brasileiros do século XIX foram pasquins, em face do contexto da luta política acirrada, que marcou o período anterior à instauração da República.

Aí o livro do Prof. Dr. Jurandir Ferreira Dias Jr. vem preencher a lacuna acima citada. *O Uso dos Adjetivos em Pasquins do século XIX* trata-se de um estudo do funcionamento do adjetivo em textos publicados em pasquins pernambucanos na primeira metade do século XIX, resultado de sua pesquisa para obtenção do grau de mestre em Linguística no Programa de Pós-graduação em Letras da UFPE.

Por que o autor se detém sobre o adjetivo? O pasquim se caracteriza por sua linguagem virulenta e mordaz, face à luta política já aludida, que transpunha para o papel a violência que muitas vezes se manifestava nas ruas entre os grupos políticos. Poderíamos também dizer que a violência emanada desses papéis, assim também designados, provocava o confronto entre partidos e facções políticas. O autor identifica exatamente o adjetivo, sobretudo, essa função nominal, como sendo o cerne da veiculação mais grosseira, mordaz, contundente da expressão verbal.

Dessa forma, o autor consegue identificar o ponto nevrálgico da tensão linguística do texto dos autores pasquineiros. Um texto carregado de adjetivações para cumprir o papel a que se propunham esses escritos. Um exemplo nítido da relação entre uso da linguagem e situação sócio-histórica, no contexto de uma sociedade patriarcal, que exibia as tensões entre os grupos que se alternavam no poder, em torno da disputa entre governistas e oposicionistas, identificando-se os portugueses como os principais inimigos.

Identificado o adjetivo como cerne da torpeza discursiva dos pasquineiros, o autor avança no estudo detalhado do papel do adjetivo, sua posição no sintagma nominal, seja antecedendo ou seguindo o adjetivo, seu caráter semântico ou mesmo seu caráter histórico. Muitas vezes da posição do adjetivo, resulta um matiz de significado com determinada carga discursiva. Com essa perspicácia, os autores dos papéis, alguns apógrafos, produziam os efeitos de sentido para atingir os adversários, moral ou jocosamente.

A obra se divide em quatro capítulos. No primeiro, o autor faz um "recorte sobre pasquins oitocentistas", condensando brevemente um arrazoado histórico da imprensa no Brasil colonial e imperial. No segundo capítulo, intitulado "a Língua Portuguesa no século XIX", Jurandir Junior apresenta dois aspectos complementares da história da Língua Portuguesa na época, a saber: a história externa e a interna. No terceiro, traz a lume o problema da leitura naquele século e discute a adjetivação nesse período histórico, apresentando o adjetivo como uma classe de valores e seu universo semântico. No quarto, o autor desenvolve análises sobre o uso de adjetivos nos pasquins *O Praieiro, A Voz do Brasil, O Foguete* e *O Tribuno*. Todos publicados no Recife entre 1844 e 1847.

É, portanto, no quarto capítulo, que o autor expõe, através da metodologia empregada, o retrato do papel do adjetivo nos textos analisados com base em critérios, tais como a) a quantidade e a recorrência dos adjetivos; b) a posição e a função sintática dos adjetivos na oração; c) o universo semântico; d) a atualidade dos adjetivos.

Emerge, pois, desta análise a natureza impactante do caráter incisivo da linguagem virulenta dos pasquins. A posposição ao substantivo e a função de adjunto adnominal, do adjetivo, têm larga preferência entre os pasquineiros (mais de 70 por cento para a posposição e mais de 80 por cento para a função de adjunto adnominal). Além disso, os adjetivos qualificadores superam abundantemente os classificadores numa proporção de mais 70 por cento. Esses percentuais elevados demonstram com incontestável nitidez como se produz a violência verbal aludida pelos historiadores da imprensa brasileira.

Por fim, para compor esse quadro da incontinência verbal discutida, a combinação dos qualificadores com a anteposição ao substantivo, posição menos marcada no levantamento do autor, concorre para o efeito que pretendem os redatores. Além disso, se identifica também o universo semântico de onde brota a copiosidade adjetival que pulula nos textos.

Mas o que caracteriza de forma clara e direcionada, como destaca o trabalho de Dias Jr., o endereçamento do ataque verbal é a forma diferenciada como se referem portugueses e brasileiros. Sendo os portugueses ou os adversários políticos o alvo da ofensiva dos pasquins, é contra eles ou seus atos que se destaca o emprego de grande parte dos adjetivos qualificadores, carregados de raiva, menosprezo, preconceito (sejam os exemplos *deshumanos, malévolvos, desalmados, corrumpidos* etc.), ao passo que os pernambucanos ou brasileiros são identificados positivamente (sejam os exemplos *dignos, hábeis, firmes* etc.).

Além desse aspecto, a presença maciça de adjetivos nos pasquins revela também a agressividade do bate-boca, que ocorria nas ruas em dias tão conturbados do Brasil imperial. Pode-se, em certa medida, afirmar que esses textos expõem e refletem a oralidade flamejante que incendiava aquela sociedade em luta política. No fundo, tais textos têm o condão de atritar os ânimos, desinteressados, portanto, em promover uma leitura reflexiva ou se constituírem em espécies de editoriais. Não. Antes são extensões desse clamor do confronto político já aludido, que se derramava pelas ruas da cidade e que explode na Revolta Praieira, junto com o grito de "mata marinheiro", ecoando pelas esquinas da cidade.

A obra, que agora se lança, dessa forma, tem grande importância para os estudos históricos do português brasileiro, não só porque analisa textos de cunho não literário produzidos no Brasil, mas também porque se detém sobre uma classe gramatical, que carrega um teor semântico definidor do tom do texto. Nesse sentido, se torna contemplada uma área de estudos, que vem ganhando relevo nas últimas décadas. O livro do Prof. Dr. Jurandir Dias Júnior passa a ocupar lugar de destaque na bibliografia da história do português brasileiro. Com grande merecimento.

Marlos de Barros Pessoa
Prof. Titular de Língua Portuguesa/História da Língua Portuguesa no Departamento de Letras da Universidade Federal de Pernambuco

APRESENTAÇÃO

Neste trabalho, investigo a presença de adjetivos em pasquins publicados no século XIX, mais precisamente de 1844 a 1847. Descrevi a quantidade e a recorrência de adjetivos, a localização e a função sintática destes nas orações; seu universo semântico; e sua atualidade, no intuito de delinear a presença dessa categoria gramatical em textos históricos.

O estudo de textos históricos é um fascínio que me acalenta e afaga o espírito no percurso agridoce na vida de investigação acadêmica. Isso se torna relevante quando, principalmente, percebo que os estudos diacrônicos revelam os diferentes usos da língua no tempo, entre outras questões tão importantes.

Tive acesso aos textos para minha análise na tese de doutorado da Profa. Dra. Rose Mary Fraga (UFRPE), defendida em 2008, no Programa de Pós-Graduação em Letras (PPGL/UFPE). Para a constituição deste *corpus* de análise, optei por selecionar 04 (quatro) pasquins, aleatoriamente escolhidos, a fim de que tivesse um campo de visão mais amplo sobre a realidade da produção de textos e do uso dos adjetivos nesse tipo de suporte.

Neles, pude observar características presentes na Língua Portuguesa, como é o caso, principalmente, da posposição do adjetivo ao substantivo, na maioria das vezes. Percebi que o momento linguístico analisado aponta para uma apropriação da língua, senão um abrasileiramento do idioma lusitano.

Este trabalho está dividido em quatro capítulos. No primeiro, tratarei da imprensa no Brasil e mais precisamente em Pernambuco. Farei um panorama histórico do fenômeno da imprensa desde 1808, falando de títulos de jornais importantes, que, inclusive, contribuíram para a Independência e Proclamação da República no Brasil. Concluirei essa seção descrevendo o pasquim, suporte textual desta obra.

No segundo capítulo, tratarei da Língua Portuguesa no século XIX. Esta seção divide-se da seguinte forma: história externa da língua, uma periodização das fases do português brasileiro; história interna da língua, delineando as fases da ortografia da língua, destacando a segunda fase.

No terceiro capítulo, versarei sobre a sociedade leitora do Brasil colônia e império, e ainda sobre o fenômeno da adjetivação; a descrição deste fenômeno de adjetivação; e, por fim, sobre o universo semântico dos adjetivos. Vale informar aqui que o momento histórico delimitado reflete um período de notável efervescência na produção de pasquins (1830 a 1850).

No quarto e último capítulo, apresentarei minhas análises e discussões sobre os pasquins analisados. Farei, inicialmente, uma contextualização de cada pasquim, somente em seguida analisarei, conforme os critérios estabelecidos já apresentados no topo desta introdução.

Cabe aqui uma pergunta: *"Por que os adjetivos?"*. É comum escutar: *O texto está extenso? Corta os adjetivos!* – Um texto com número excessivo de adjetivos continua sendo muito mal visto por alguns professores de português que, talvez, ainda não perceberam o valor discursivo dessa categoria gramatical. Quis, portanto, voltar os olhos para a construção de textos na imprensa de idos mais distantes, a fim de observar a presença dos tão *(muitas vezes)* relegados adjetivos.

Este trabalho oferece, portanto, reflexões sobre dados históricos, frequentemente deixados em segundo plano em interesse e investimento na academia. Espero que esta obra possa contribuir para um melhor e maior resgate de um tesouro ainda assentado em velhos baús e úmidos arquivos.

O autor

SUMÁRIO

CAPÍTULO 1
UM RECORTE SOBRE PASQUINS OITOCENTISTAS 19
1.1 - UM BREVE HISTÓRICO DA IMPRENSA NO BRASIL
COLONIAL E IMPERIAL 19
    1.1.1 - O *Correio Braziliense* 21
    1.1.2 - A implantação da imprensa tardia 24
    1.1.3 - A imprensa e a independência 29
    1.1.4 - A imprensa em Pernambuco 35
    1.1.5 - O pasquim: a imprensa panfletária e atrevida no Império .. 38

CAPÍTULO 2
A LÍNGUA PORTUGUESA NO SÉCULO XIX 43
2.1 - HISTÓRIA EXTERNA: PERIODIZAÇÃO DA LÍNGUA
PORTUGUESA NO BRASIL 43
2.2 - HISTÓRIA INTERNA: ORTOGRAFIA DA LÍNGUA
PORTUGUESA NO BRASIL 50

CAPÍTULO 3
**A SOCIEDADE LEITORA PERÍODO COLONIAL E
IMPERIAL E O FENÔMENO DA ADJETIVAÇÃO** 55
3.1 - O BRASIL E A LEITURA NO PERÍODO COLONIAL
E IMPERIAL 55
3.2 - ADJETIVO: UMA CLASSE DE VALORES 60
3.3 - O UNIVERSO SEMÂNTICO DOS ADJETIVOS 67

CAPÍTULO 4
ANÁLISE E DISCUSSÃO DOS DADOS 71
   4.1 – O PRAIEIRO 74
   4.2 – A VOZ DO BRASIL 87
   4.3 – O FOGUETE 102
   4.4 – O TRIBUNO 115

CONSIDERAÇÕES FINAIS 129

REFERÊNCIAS 131

ANEXOS
ANEXO 1 135
ANEXO 2 139
ANEXO 3 143
ANEXO 4 147

CAPÍTULO 1

UM RECORTE SOBRE PASQUINS OITOCENTISTAS

1.1 – UM BREVE HISTÓRICO DA IMPRENSA NO BRASIL COLONIAL E IMPERIAL

A América Portuguesa apresenta um atraso para a implantação da cultura impressa; o mesmo não aconteceu com as colônias da Espanha e da Inglaterra. Sabe-se que a atividade impressora surgiu no séc. XV, na Europa, e foi rapidamente difundida por esses países colonizadores, que introduziram a imprensa em suas colônias desde o séc. XVI.

> Muito se indagou sobre os motivos do contraste apresentado pela América espanhola, sem falar na inglesa: México e Peru conheceram a Universidade colonial; de outro lado, o México conheceu a imprensa, em 1539; o Peru em 1583; as colônias inglesas em 1650 (SODRÉ, 1999, p. 10).

O Brasil, no entanto, subjugado por sua metrópole, só conheceu desta tecnologia mais de três séculos depois, ou seja, no séc. XIX, com a transferência da corte portuguesa e a instalação da tipografia da Impressão Régia, em 1808, na cidade do Rio de Janeiro (MARTINS; LUCA, 2008, p. 23). Nestes termos, D. João VI instituiu a oficina da Typografia Régia no Brasil:

> Tendo-me constado que os prelos que se achavam nesta capital eram os destinados para a Secretaria de Estado dos Negócios Estrangei-

ros e da Guerra, e atendendo à necessidade que há de oficina da impressão nestes meus Estados, sou servido que a casa onde eles se estabeleceram sirva inteiramente da Impressa Régia, onde se imprimam exclusivamente toda a legislação e papéis diplomáticos, que emanarem de qualquer repartição do meu Real Serviço, ficando inteiramente o seu governo e administração à mesma Secretaria. Dom Rodrigo de Souza Coutinho, do meu Conselho de Estado, ministro e secretário dos Negócios e da Guerra, o tenha assim entendido, e procurará dar ao emprego da oficina a maior extensão e lhe dará todas as instruções ordens necessárias e participará a este respeito a todas as estações o que mais convier ao meu Real Serviço. Palácio do Rio de Janeiro, em 31 de maio de 1808 (SODRÉ, 1999, p. 19).

É interessante observar nessas palavras do Rei Dom João VI a total proibição para a publicação de outros documentos que não fossem os de uso da Coroa. Com isso, fecha-se a possibilidade para o surgimento de periódicos que apresentassem opinião divergente ao sistema de governo da época. A imprensa poderia ser um veículo de cisma ou de inflamação do povo contra o seu monarca, por isso era necessário cercear toda e qualquer possibilidade de insurreição.

Não chegou a completar um mês do instauro da Imprensa Régia, para que, em 24 de junho de 1808, fosse estabelecida uma junta oficial que exercia forte influência sobre os impressos. Era o órgão de censura oficial do reino. Tudo o que ferisse a política real, a moral e a religião era passível de indeferimento (SODRÉ, 1999, p. 19), por isso, regras foram estabelecidas, a fim de orientar todas as futuras publicações em terra brasileira. À Censura, cabia "examinar os papéis e livros que se mandassem publicar e fiscalizar que nada se imprimisse contra a religião, o governo e os bons costumes" (SODRÉ, 1999, p. 19).

A junta censora funcionava na mesma oficina tipográfica onde, em 10 de setembro de 1808, foi impresso o primeiro número da *Gazeta do Rio de Janeiro*, que tinha por finalidade informar os acontecidos em Portugal e no Brasil sem que, em nada, ferisse a Coroa. À frente deste periódico, estava o Frei Tibúrcio, que lá permaneceu por quatro anos até pedir demissão.

Mesmo antes dessa data [1808] e, com toda a fiscalização por parte do Estado, podiam-se encontrar inúmeros impressos e manuscritos de autoria pessoal. Tais textos versavam, entre tantos assuntos, sobre medicina, orações, botânica, literatura etc. (MARTINS; LUCA, 2008, p. 24). Não se sabe, no entanto, a procedência desse material.

A morosidade para a permissão e instalação da imprensa pode ter sido prejudicial ao desenvolvimento literário no Brasil, mas após a sua chegada, freá-la foi praticamente impossível. Mais adiante, falarei sobre o desenrolar deste fenômeno que trouxe inúmeras transformações significativas para o Brasil.

1.1.1 – O *Correio Braziliense*

De forma clandestina, chegava ao Brasil o *Correio Braziliense*, periódico impresso desde 1º de junho de 1808, em Londres, por Hipólito da Costa, considerado o primeiro jornalista do Brasil. Atribui-se a este jornal o status de ser o primeiro impresso brasileiro, mesmo sendo editado no estrangeiro. Seu conteúdo expunha a opinião pública sobre as circunstâncias pelas quais o Brasil passava. Era, portanto, de se esperar que a censura coibisse a impressão desse periódico por estas terras, por isso o motivo de sua confecção em outro país.

Figura 1 – Trecho de jornal

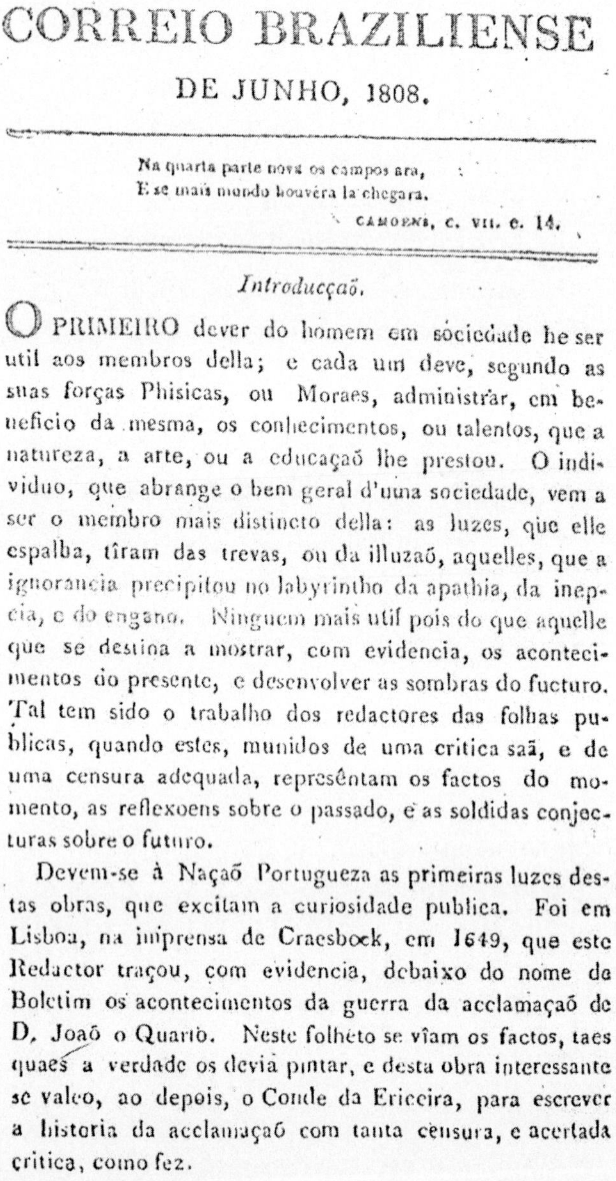

CORREIO BRAZILIENSE
DE JUNHO, 1808.

Na quarta parte nova os campos ara,
E se mais mundo houvéra la chegara.
CAMOENS, C. VII. e. 14.

Introducçaõ.

O PRIMEIRO dever do homem em sociedade he ser util aos membros della; e cada um deve, segundo as suas forças Phisicas, ou Moraes, administrar, em beneficio da mesma, os conhecimentos, ou talentos, que a natureza, a arte, ou a educaçaõ lhe prestou. O individuo, que abrange o bem geral d'uma sociedade, vem a ser o membro mais distincto della: as luzes, que elle espalha, tiram das trevas, ou da illuzaõ, aquelles, que a ignorancia precipitou no labyrintho da apathia, da inepcia, e do engano. Ninguem mais util pois do que aquelle que se destina a mostrar, com evidencia, os acontecimentos do presente, e desenvolver as sombras do fucturo. Tal tem sido o trabalho dos redactores das folhas publicas, quando estes, munidos de uma critica saã, e de uma censura adequada, represéntam os factos do momento, as reflexoens sobre o passado, e as soldidas conjecturas sobre o futuro.

Devem-se à Naçaõ Portugueza as primeiras luzes destas obras, que excitam a curiosidade publica. Foi em Lisboa, na imprensa de Craesboek, em 1649, que este Redactor traçou, com evidencia, debaixo do nome de Boletim os acontecimentos da guerra da acclamaçaõ de D. Joaõ o Quarto. Neste folheto se viam os factos, taes quaes a verdade os devia pintar, e desta obra interessante se valeo, ao depois, o Conde da Ericeira, para escrever a historia da acclamaçaõ com tanta censura, e acertada critica, como fez.

Fonte: Biblioteca Nacional, em www.bn.br, acesso set. de 2010

O *Correio Braziliense* era um periódico destemido, pois veiculava críticas à monarquia; facilitava o acesso da Colônia às notícias internacionais; informava sobre a independência das demais colônias americanas. Esse fato pode ser considerado bastante louvável, uma vez que, apesar da distância do seu local de publicação, Londres, estendeu-se de junho de 1808 a dezembro de 1822, compreendendo 175 números de 96 a 150 páginas, ou seja, 14 anos de vida fora do crivo censor da monarquia brasileira (MARTINS; LUCA, 2006, p. 19).

Dada a estruturação desse periódico e sua finalidade de captar opiniões diversas sobre o Brasil, o *Correio Braziliense* foi, muitas vezes, designado como uma revista doutrinária. Nele, temas como a abolição da escravatura, a independência, o regime absolutista, a censura régia, bem como os defeitos da administração do Brasil eram bastante presentes.

Não tardou para que, em 27 de março 1809, providências fossem tomadas na tentativa de coibir a circulação desse jornal impresso em Londres. Esse ato é considerado o primeiro de proibição destinado a esse mesmo jornal:

> O Príncipe Regente Nosso Senhor, a cuja Real Presença levei o ofício de V. M., juntamente com o Aviso e a brochura vinda de Londres, cheia de calúnias contra a nação e o governo inglês; cheia de atrozes falsidades contra várias pessoas e das maiores absurdidades sobre a economia política, o qual V. M. justamente deteve. É servido ordenar que V. M. mande guardar o mesmo Aviso e obras, não o entregando a pessoa alguma e que o mesmo pratique com todas as cópias e exemplares de semelhantes obras que possam vir para o futuro, não querendo S.A.R. permitir que se divulgue nos seus Estados uma obra cheia de veneno político e falsidade, e que pode

iludir superficial e ignorante, além de ser um verdadeiro libelo. É igualmente S.A.R. servido que V. M. mande mais um exemplar e Aviso para ficar nesta secretaria de Estado, e que remeta outro ao Intendente Geral da Polícia, a quem expedem as ordens particulares sobre o procedimento que deve tomar a este respeito (SODRÉ, 1999, p. 25).

Outros atos ainda vieram à tona: em 11 de setembro de 1811, que só se tornaram públicos seis anos depois; em 1810, especificamente no Rio Grande do Sul e no Pará. Segundo Lustosa (2000), somente em 1820, depois da Revolução do Porto, o *Correio Braziliense* passou a circular livremente em Portugal e no Brasil.

Sodré (1999) comenta que a vida do *Correio Braziliense* teve alicerce no sistema econômico feudal em que se encontravam Brasil e Portugal. Nesses lugares, não havia condições para o surgimento da imprensa, no entanto, quando essa realidade muda, o *Correio Braziliense* não encontra mais motivos para sua continuidade, findando sua impressão em 1822, no ano da independência.

1.1.2 – A implantação da imprensa tardia

Oficialmente, a imprensa é instalada no Brasil em 1808, com a publicação da *Gazeta do Rio de Janeiro*, conforme já mencionei. Essa era a publicação oficial do Estado, uma vez que funcionava nas dependências de oficina da Typografia Régia. É importante lembrar que nesse período, de 1808 a 1889, a imprensa apresentava as seguintes características: *atraso, censura* e *oficialismo* (NEVES; MOREL; FERREIRA, 2006).

Mesmo assim, em outras grandes cidades do Brasil, surgiram títulos de periódicos com visões bastante diversas. Havia os mais conservadores, que não sofriam com as determinações e sanções dos órgãos de censura; mas também havia aqueles que eram perseguidos com grande severidade, por não se subjugarem aos caprichos do poder absolutista.

A *Gazeta do Rio de Janeiro*, cujo primeiro número pode-se ver a seguir, prestou-se ao ofício de exaltar os feitos da Coroa, apresentando apenas fatos que não ferissem a imagem do Rei e sua forma de governo. Combateu as ideias que fossem contrárias à monarquia, louvando suas virtudes e benefícios ao povo daí oriundos.

Figura 2 – Trecho de jornal "Gazeta"

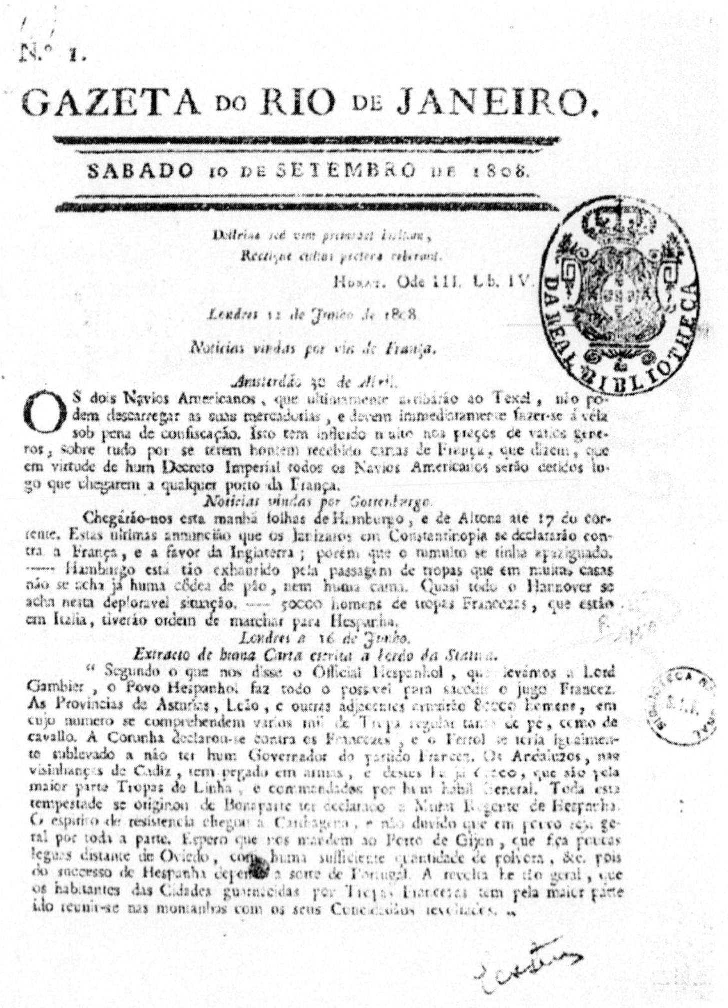

Fonte: Biblioteca Nacional, em www.bn.br, acesso set. de 2010

Aos 14 de maio de 1811, na Bahia, apareceu a *Idade d'Ouro do Brasil*, com o intuito de apoiar o governo e suas decisões, conforme escreve Sodré (1999, p. 29), quando diz que esse jornal traz:

> As notícias políticas de maneira bastante sin-
> gela, anunciando simplesmente os fatos, sem
> interpor quaisquer reflexões que tendessem
> diretamente ou indiretamente a dar qualquer
> inflexão à opinião pública. [...] Essa pretensa
> isenção, entretanto, não deveria impedir a
> folha de mostrar como o caráter nacional
> ganha em consideração no mundo pela ade-
> são ao seu governo e à religião.

A *Idade d'Ouro* faz menção ao período joanino, em que D. João VI era o rei de Portugal, cuja sede se encontrava no Brasil. Abaixo, pode-se ver o primeiro número deste periódico, que teve impressão até junho de 1823.

Figura 3 – Trecho de jornal Idade d'Ouro

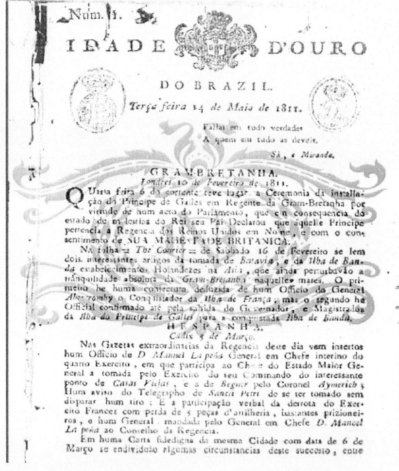

Fonte: Biblioteca Nacional, em www.bn.br, acesso set. de 2010

O *Idade d'Ouro do Brasil* sofreu algumas rejeições por parte daqueles que não estavam do lado dos dominadores portugueses, como foi o caso do livreiro Paul Martin, no Rio de Janeiro, que recusou a comercialização deste jornal em seu estabelecimento por discordância com as ideias e opiniões veiculadas.

Com vida mais breve que esse, vários outros títulos surgiram: *Variedades ou Ensaios de Literatura* (de fevereiro a julho de 1812); *O Patriota* (de janeiro de 1813 a dezembro de 1814); *O Investigador Português* (impresso na Europa, de junho de 1811 a fevereiro de 1819, com apoio da Coroa Portuguesa); *O Espelho* (de abril de 1814 a dezembro de 1821) (MARTINS; LUCA, 2008, p. 31-41).

O período que vai de 1808 a 1822 revela o quanto a imprensa brasileira está presa aos aspectos basicamente políticos. Alguns desses títulos sobreviviam subsidiados pela Coroa Portuguesa, desde que estivessem do seu lado; no entanto, poderiam passar de subsidiados a perseguidos, caso pensassem de modo diferente daquele que era estabelecido pelo regime monárquico. Sodré (1999, p. 34) afirma que por aí "se começa a verificar como o problema da imprensa é, na realidade, em última análise, político".

1.1.3 – A imprensa e a independência

Nesta seção, não pretendo esgotar a questão proposta em discussão, apenas trazer elementos relevantes para o contexto em que se insere. Inúmeros foram os fatos ocorridos, que podem ser mais aprofundados nos livros basilares que tomei por consulta.

Não seria sensato pensar que, a partir de 07 de setembro 1822, a Independência brasileira fosse um fato concreto e aceito em toda extensão territorial do Brasil. Em um país com dimensões continentais como o nosso, fica difícil uma tomada de decisão chegar tão rapidamente a toda nação, ou ser aceita pelos diversos grupos sociais e interesses existentes, especialmente num momento histórico em que a difusão de informações era lenta.

O sistema feudal em que o Brasil se encontrava naquele tempo acalentava em muitos senhores de escravos o desejo de declínio do colonialismo, que muito bem poderia ser vanguardeado pela voz da imprensa; por outro lado a opressão que esta sofria agradava às oligarquias feudais da Europa, pois estas desejavam a manutenção de um regime opressor e oportunista. Esse era o cenário no qual se situava a imprensa brasileira. Para Sodré (1999, p. 44), "Tudo isso influiu a imprensa do tempo; e em tudo isso influiu a imprensa do tempo". Ela é, ao mesmo tempo, produtora e produto de uma situação sociopolítica oscilante.

Sua linguagem se enchia de violência, essa era uma característica peculiar dessa época. Não seria, portanto, de se estranhar que a perseguição à imprensa se intensificasse. Jornalistas foram coagidos e torturados; prelos interditados ou destruídos. Eis uma 'nova' fase pela qual passa o jornalismo no Brasil, mesmo assim, não apresentava desejos de suspensão do seu ofício, pois: "Para unir, é preciso mobilizar. Para mobilizar, é preciso despertar a opinião. Para despertar a opinião, é preciso imprensa" (SODRÉ, 1999, p. 45).

Nos idos de 1820, ocorreu a Revolução Portuguesa, que em muito afetou a colônia. Pregava-se em Portugal o retorno da Família Real; gritava-se no Brasil por independência. Por esse tempo, circulavam tranquilamente a *Gazeta do Rio de Janeiro*, a *Idade d'Ouro do Brasil* (na Bahia); *O Patriota*, que deixara de existir em 1814 por conta da censura. Em 1821, surgiram *O Semanário Cívico*, o *Minerva Brasiliense*, o *Jornal de Anúncios*, *O Amigo do Rei e da Nação*, *O Bem da Ordem* e *O Conciliador do Reino Unido*, todos eram defensores do regime absolutista e tiveram vida bastante breve, pois não existiram mais que nove meses. Isso revela a característica efêmera dos periódicos dessa época.

Em 1821, diferente da maioria dos jornais vigentes, surgiram dois novos periódicos que fugiam do caráter áulico desse período: o *Diário do Rio de Janeiro* (no Rio de Janeiro) e o *Diário Constitucional* (na Bahia). Aquele em nada tinha a ver com política, anunciava eventos, preços de mercadorias, fugas de escravos e coisas do gênero; o outro foi o primeiro a defender os interesses da colônia.

O governo da Bahia, representado na Junta Provisional, apresentava hegemonia portuguesa, que determinou o fechamento do *Diário Constitucional* em dezembro de 1821. Por conta de novas eleições para esse órgão, os brasileiros tornaram-se maioria, determinaram o término dos trabalhos da Censura Régia e restabeleceram a publicação desse periódico, agora com outro nome, *O Constitucional*.

Com a tão esperada e festejada suspensão da Censura surgiu, na Bahia, um grande número de periódicos, mas com curtíssimo período de existência. Alguns duraram apenas um mês, já os que mais demoraram não ultrapassaram os dez meses de vida. Entre esses estão: *A Sentinela Baiense*, *O Analisador Constitucional*, *O Baluarte Constitucional*, *O Espreitador Constitucional*, *O Despertador dos Verdadeiros Constitucionais* e *A Abelha*.

Segundo Sodré (1999), a luta pela independência se confundia com a luta pela liberdade. O ofício tipográfico teve relevante papel nessa empreitada: finalmente, com a chegada da imprensa, conquista-se com mais rapidez a Independência, busca-se, agora, a liberdade. Para isso, em todo o país, mais e mais periódicos aparecem clamando pela quebra de barreiras em suas publicações. Se por um lado, no início, as perseguições à imprensa causaram grande prejuízo – quando encabeçadas pelos dominantes portugueses – agora, os militantes da direita queriam preservar o bem-estar do Estado independente e do recente Imperador Constituinte, D. Pedro I, Defensor Perpétuo do Brasil. Surge um novo temor: a possibilidade de o povo agora clamar pela instauração da República.

A imprensa passará por mais uma fase de perseguição. O desejo da classe dominante (a manutenção do Império) dá continuidade a uma situação já conhecida por muitos editores. Desta forma, está caracterizado o ínterim desde o Grito de Independência, em 1822, até a Proclamação da República, em 1889. Aparece, portanto, com mais vigor, um sentimento de Lusofobia, em muitos brasileiros, gerando um mal-estar em vários centros urbanos pelo Brasil.

Finalmente, aos 28 de agosto de 1827, estabelece-se o fim da censura e inicia-se uma fase na imprensa denominada de "Imprensa panfletária e atrevida". É o período dos pasquins, jornais de vida breve, com uma linguagem bastante agressiva (SODRÉ, 1999, p. 84). Neste mesmo ano, os franceses alavancam a imprensa brasileira, com forte apoio financeiro, incentivando ideias políticas liberais, que eram mal vistas pelo governo.

Em 1830, era impossível conter a imprensa. Ela se tornou palco para as revoluções. Somente em Minas, de 1827 a 1833, contam-se 15 títulos de jornais diferentes. Todos com duração de não mais de dois anos, dentre os quais se destacam: *O Compilador Mineiro, A Abelha do Itacolomi, O Companheiro do Conselho, O Patriota Mineiro, O Universal, O Diário do Conselho do Governo da Província de Minas Gerais, o Astro de Minas, O Amigo da verdade, O Eco do Serro, O Precursor das eleições, O Universal, O Patriota Mineiro, A Sentinela do Serro* etc.

O período que compreende os anos de 1830 a 1850 é frequentemente caracterizado pelo apogeu dos pasquins libertários. As grandes metrópoles, como era de se esperar, são as que mais produzem esses impressos. Somente entre

1831 e 1833, o Brasil contava com mais de 50 títulos diferentes. A Bahia chegou a dispor de 70 (setenta) periódicos até 1837.

Em 1840, com o Golpe da maioridade, percebe-se veementemente um regresso ao conservadorismo áulico, que fez eclodir várias revoltas como foi o caso da Praieira em Recife de 1848. Segundo Fraga (2008, p. 28),

> Os praieiros tinham seus próprios jornais, por meio dos quais difundiam suas ideias: eram antilusitanos, pregavam o voto livre, a liberdade de imprensa, o trabalho com garantia de vida para os brasileiros, o comércio a retalho para os brasileiros, a extinção do poder moderador (grifos da autora).

Esse movimento de reação foi apoiado pelos periódicos: *O Progresso*, o *Diário Novo*, *A Voz do Brasil*, *O Nazareno*, *A Guarda Nacional*, *O Praieiro* e *O Foguete*. Por outro lado, os conservadores contra-atacavam os praieiros com os seguintes impressos: *O Lidador*, *A União*, *O Artilheiro* e o *Diário de Pernambuco*.

Esse último, fundado em 1825, foi apelidado pelos praieiros como Diário Velho, e, em 1856, já publicava 50 mil cópias (FRAGA, 2008, p. 28-31). O Diário de Pernambuco continua ativo e é considerado o mais antigo periódico da América Latina em circulação.

A imprensa de 1830 a 1850, segundo Sodré (1999, p. 180), era

> [...] fraca em técnica, artesanal na produção, com distribuição restrita e emprestada, praticamente inexistente, uma vez que inespecífica, encontrou, entretanto, na realidade política a fonte de que se valeu para exercer sobre essa realidade, por sua vez, influência extraordinária, consideradas as condições da época.

Essas características da imprensa jamais impediram, no entanto, que ela cumprisse com o seu papel na veiculação de informações para o Novo continente. Apesar de tantas dificuldades, a imprensa sempre se mostrou bastante atuante e eficaz.

Até 1874, as notícias vindas da Europa chegavam por cartas transportadas por navios. Isso, realmente, levava longos períodos de tempo, retardando o contato brasileiro com os fatos ocorridos além-mar. Em 1877, os telégrafos trouxeram mais velocidade para o acesso e publicação de notícias do exterior (SODRÉ, 1999, p. 215).

Em 1876, surgiu A *Revista Ilustrada*, editada por Ângelo Agostini, o grande precursor das Histórias em Quadrinho. Esse periódico, segundo Sodré (1999), alcançou tamanha popularidade. Em várias cidades do Brasil, havia assinantes que recebiam regularmente os números desta revista. Suas páginas traziam desenhos com perfeito acabamento, que propagavam ideias abolicionistas e liberais. *A Revista Ilustrada* recebeu elogios de Joaquim Nabuco, Monteiro Lobato, José do Patrocínio, entre tantos outros.

Várias foram as revistas ilustradas que surgiram logo após aquela lançada por Ângelo Agostini, porém todas tiveram vida curta, entre elas estão: o *Psitt, O Besouro, A Lanterna, O Fígaro, O Zigue-Zague, O Canganelli, O Diabrete, O Binóculo, O Gryphus, Rataplan, O Mundo da Lua, A Cigarra,* e *A Bruxa*.

A Literatura serviu-se também da imprensa e muitos dos romances que hoje temos na versão completa em livros foram publicados em forma de folhetins semanais, quinzenais ou mensais, como foi o caso de *A Mão e a Luva* (1874) de Machado de Assis; *O Guarani* de José de Alencar (1856), entre outros.

Na cidade do Rio de Janeiro de 1870, Tavares Bastos publica o *Manifesto Republicano*, um libreto que fez surtir tamanho impacto em Itu, São Paulo, quando do nascimento do Partido Republicano Paulista, movido pela convenção de 18 de abril de 1873. Ainda em São Paulo, um ano após esse fato, inaugura-se, na Tipografia Alemã, uma nova fase do jornalismo: a impressão de jornais em grande formato, o primeiro é *O Diário de São Paulo*, sob direção de Pedro Taques de Almeida Alvim (SODRÉ, 1999, p. 232).

A Lei do Ventre-livre de 1871, A Lei dos Sexagenários de 1885 e a Lei Áurea de 1888 formam uma sucessiva de fatos que corroboraram os ideais republicanos. No período dessa última lei, a imprensa já contava com enorme organização e propagação em todo o território nacional. "Os dias da monarquia estão contados" era a previsão publicada na *Gazeta da Tarde*, aos 22 de junho de 1889, por Antônio Prado, em Minas Gerais (SODRÉ, 1999, p. 239).

O Brasil, aos 15 de novembro de 1889, tornava-se República sob o Governo do Marechal Deodoro da Fonseca. As tipografias por todo Brasil passavam também por uma renovação de equipamentos, trazendo um caráter mais sofisticado para esse ofício. A mudança de regime não muda o desenrolar da imprensa, grandes jornais se firmam e vários existem até hoje: é o início do período profissional da imprensa brasileira (MARTINS; LUCA, 2006, p. 35).

1.1.4 – A imprensa em Pernambuco

Não pretendo fazer toda uma retrospectiva da história da imprensa em Pernambuco, mas apresentar alguns fatos que marcaram esse contexto, pois a Província de Pernambucana apresentou importante presença no contexto sociopolítico do Brasil, na época em foco deste estudo. Embora já tendo mostrado acontecimentos tão relevantes do desenrolar da impressa brasileira, hei de pontuar alguns outros acontecimentos que ocorreram no cenário pernambucano, que se insere no contexto maior do Brasil.

A produção de periódicos impressos nesta província sempre surtiu considerável reconhecimento, e se compara a outros lugares como São Paulo, Rio de Janeiro, Minas Gerais e Bahia. Ao mesmo tempo, vários desses impressos estão relacionados a revoltas ocorridas em Pernambuco, como foi o caso da já mencionada *Praieira*, por outro lado houve também a existência da imprensa áulica, defendendo os interesses da coroa e da manutenção deste sistema de governo.

No que concerne à imprensa áulica pernambucana, em dezembro de 1821, surgem a *Segarrega* e *O Relator Verdadeiro* (SODRÉ, 1999, p. 59). O primeiro era dirigido por Felipe Mena Calado da Fonseca e o segundo, pelo Padre Francisco Ferreira Barreto.

Aos 9 de abril de 1822, surgiu a *Sentinela da Liberdade na Guarita de Pernambuco*, aos cuidados de Cipriano José Barata de Almeida, que foi preso por denunciar o sistema perseguidor e violento da época. Seu periódico circulou até novembro do mesmo ano e recebeu apoio de companheiros da Bahia, onde havia estudado e feito importantes amizades (SODRÉ, 1999, p. 66-67). Também em 1822, surgiu *O Maribondo*, aos cuidados do Padre José Marinho Falcão Padilha, que, perseguido por Gervásio Pires, fez publicar a seguinte nota, encerrando as atividades deste periódico, que só durou dois anos:

> Em uma província onde as armas têm o império da lei e onde se procura sustentar partidos à custa do sangue de seus conterrâneos, não é possível

que se possa escrever com liberdade; e por isso participamos ao público ser o derradeiro nº do nosso periódico este que se acha na tipografia desde algum tempo antes dos últimos sucessos desta malfadada província (SODRÉ, 1999, p. 74).

Fato interessante foi o da *Gazeta Pernambucana*, que iniciou suas atividades aos 14 de setembro de 1822, e, segundo o mesmo autor, não sabia da independência do Brasil. Sua luta começou em prol dos militantes contra a monarquia, mas depois de perseguição e substituição dos seus redatores, caiu num conservadorismo cego e afundou rapidamente. Dois anos depois, surgiu *O Conciliador Nacional*, dirigido por um monge da ordem de São Bento de Olinda. Narra Sodré (1999) que para encontrar, nessa época, jornais livres era preciso ir a regiões rebeladas, como Recife.

Essa foi a circunstância que deu a Frei Joaquim do Amor Divino Caneca condições para, em 25 de dezembro de 1823, imprimir o número inaugural do *Tifis Pernambucano*, que exortava os pernambucanos a ficarem em alerta às ameaças do governo imperial, propagava ideias a favor da Independência e da liberdade e combatia o preconceito de raças. Tinha como opositor José Fernandes Gama, diretor da *Arara Pernambucana*. Sua coragem destemida o levou ao martírio por fuzilamento, de maneira a impressionar os seus algozes.

Em 1828, temos notícia da edição de a *Abelha Pernambucana*, de Borges da Fonseca; em 1830, do mesmo autor, temos *O Repúblico*; em 1831, apareceu *A Bússula da Liberdade*, de João Barbosa Cordeiro; no mesmo ano, surgiu *O Olindense*, que só durou um ano.

A imprensa no período da Praieira foi extremamente fértil, por isso, apresentarei alguns pasquins que surgiram naquela época: *O Nazareno* (1843); *O Foguete* (1844); *O Verda-*

deiro Regenerador (1844-1845); *O Espelho* (1845), todos tiveram como editor Borges da Fonseca. Entre os anos de 1846-1848, a revista *O Progresso* circulou em Recife, sob a direção de Antônio Pedro Figueiredo. Em 1852, editado por Romualdo Alves de Oliveira, apareceu *O Artista Pernambucano* e de 1855 a 1859, surgiu *O Povo*, editado por Luís Ciríaco da Silva.

Entre 1870 e 1872, conta Sodré (1999) que surgiram mais de vinte jornais no Brasil, sem falar das inúmeras folhas avulsas distribuídas pelas ruas e coladas em portas de autoridade e estabelecimentos públicos. Só em Pernambuco, surgiram nessa época *A República Federativa*, *O Seis de Março* e *O Americano*.

Com o término da já citada Revolução Praieira, houve um declínio da quantidade de impressos surgidos em Pernambuco, mas nunca um total esvaziamento de produções impressas, pois, nesta província, o anseio por justiça sempre esteve presente. A história da imprensa pernambucana miscigena-se com a história vivida em todo o Brasil: repleta de fatos significativos e engajados em prol dos filhos legítimos desta terra.

1.1.5 – O pasquim: a imprensa panfletária e atrevida no Império

Conforme já mencionei, com a vinda da Família Real e da Corte Portuguesa para o Brasil em 1808, chega a Typografia Régia. Instaura-se também nesse momento a Censura Régia, que cuida, entre outras coisas, das publicações particulares. Entre essas publicações, surgem os pasquins, jornais de poucas páginas, de curto tempo de vida e, na maioria das vezes, de linguagem insultuosa.

> A aparição desses periódicos veementes, insultuosos, lembrando represálias, excitando o patriotismo e tratando de aumentar o ardor,

a luta dos partidos, luta que mui breve devia trazer grande mudança à política do país traz para o país um clima de insatisfação, além de deixá-lo a um passo da instauração da república (SODRÉ, 1999, p. 176).

O discurso era quase sempre de protesto, insatisfação, injúria, difamação, insulto repetido. Dentre todos esses, a injúria recebe destacado relevo. Por esse motivo, a escolha e emprego das palavras eram um poderoso instrumento para que os objetivos de seus escritores fossem concretizados.

Os pasquins estampavam características que estavam intimamente ligadas ao contexto em que se inseriam. Segundo Viana (SODRÉ, 1999, p. 84), esse tipo de impresso caracterizava uma

> [...] imprensa panfletária e atrevida. Nos períodos de tolerância ou de liberdade, atingiu as grandes violências de linguagem e as polêmicas, refletindo o ardor apaixonado das facções em divergência, chegavam a excessos, a ataques pessoais, a insinuações maldosas.

Com um discurso quase sempre injurioso, tornava-se facilmente alvo de perseguições por parte de órgãos do governo, neste caso, a Junta Censora[1]. O decreto que estabelecia a criação da censura se apresentava nos seguintes termos:

> Todo impressor será obrigado a remeter ao diretor de Estudos, ou a quem suas vezes fizer, dois exemplares das provas que se tirarem a cada folha na imprensa sem suspensão dos ulteriores trabalhos, a fim de que o diretor de

---

[1] Depois de um grande período de censura, em 21 de setembro de 1820, é decretada a liberdade de imprensa, mas essa realidade não dura por muito tempo, pois em 03 de janeiro de 1822, foi instaurada a Junta Censora, que só foi abolida cinco anos mais tarde por um decreto, em 28 de agosto de 1827 (cf. SODRÉ, 1999, p. 84; MARTINS, 2008, p. 34-35).

> Estudos, distribuindo um deles a algum dos censores régios e ouvido o seu parecer, deixe prosseguir na impressão, não se encontrando nada digno de censura, ou a faça suspender, no caso unicamente de se achar que contém alguma coisa contra a religião, a moral e os bons costumes, contra a Constituição e a Pessoa do Soberano, ou contra a pública tranquilidade, ficando ele responsável às partes por todas as perdas e danos que de tal suspensão e demoras provierem, decidindo-se por árbitros tanto a causa principal da injusta censura, como a secundária de perdas e danos[2].

Deste cenário, surgem os pasquins com ideias que pregam a liberdade de imprensa e a contribuição que isto pode trazer para a sociedade. Esse tema foi extremamente presente em muitos jornais, principalmente naqueles que iam de encontro ao pensamento do Poder Soberano. Inúmeros eram os textos clamando por liberdade, criticando a opressão, insultando o Monarca e sua forma de gerenciar.

Facilmente, eram encontrados termos insultuosos, difamatórios, injuriosos, jocosos, chascosos. Segundo Rizzini (1977), a palavra pasquim remonta à cidade de Roma, nos anos de 1501. Nos arredores desta cidade, havia uma estátua que representava um ser da mitologia grega, o Pasquino. Trasladada para próximo ao Vaticano, foi posteriormente colocada nos jardins do palácio do Cardeal Olivero Cafara, que passou a promover festas de máscaras, na qual encontrava-se mascarada a estátua de Pasquino. Por trás desta imagem, eram colados versos satíricos, à vista de qualquer participante. Mais tarde, esta estátua foi considerada uma estátua 'falante'. Com o impedimento, posterior das festas,

---

[2] Coleção das Leis do Brasil, Decretos, Cartas e Alvarás, 1821, Rio, 1889, pág. 25 *In*: SODRÉ, 1999, p. 83.

por parte do Papa Adriano VI, em 1523, algumas pessoas assumiram esse papel satírico da estátua. Os pasquineiros, como eram conhecidos, pregavam seus versos satíricos nas paredes ou até se colocavam em praças para que falassem em claro e bom tom os versos malignos.

Desde sua origem, os pasquins tratavam, dentre tantos assuntos, das

> [...] desordens do Estado, das querelas religiosas, do poder das favoritas, da incapacidade dos generais, da baixeza dos cortesãos, das aventuras das grandes damas, dos juízes prevaricados [...] (RIZZINI, 1977, p. 105-106, 114).

Muitos dos dizeres apareciam colados na porta da casa de qualquer um dos acima elencados, com o objetivo única e exclusivamente de escandalizar a sociedade, chamando-a à atenção para a situação inaceitável.

Aos pasquins, são dados os motivos da existência da Inconfidência Baiana, a também conhecida Conspiração dos Alfaiates, em 1798, sendo os principais autores dos versos: João de Deus, Lucas Dantas e Luís Gonzaga das Virgens. Sodré (1999, p. 157) chega a dizer que os pasquins

> Eram vozes desconexas e desarmoniosas, bradando em altos termos e combatendo desatinadamente pelo poder que lhes assegurasse condições de existência compatíveis ou com a tradição ou com a necessidade. Não encontrando a linguagem precisa, o caminho certo, a norma política adequada aos seus anseios, e a forma e a organização a isso necessárias, derivam para a vala comum da injúria, da difamação, do insulto repetido.

As características tipográficas do pasquim diferenciavam esse tipo de impresso dos demais: era composto, na maioria das vezes, por um só artigo, de interesse restritamente pessoal; tinha apenas quatro páginas; trazia epígrafe simples; não trazia nome do redator por temor à repressão, mas deveria expor o nome da tipografia em que se imprimia o pequeno jornal. Era uma "mera folha volante, panfleto lançado ao público, apreciando um tema, uma pessoa, um acontecimento do momento (contexto)" em que se inseria (SODRÉ, 1999, p. 159). Apenas um assunto poderia ser abordado, visto que a extensão não permitia que se fosse além.

A imprensa no Brasil e na Província de Pernambuco é considerada marco na linha do tempo da história da colônia, que se tornara, além de reino independente de Portugal, República Federativa do Brasil. A presença da imprensa, como um instrumento de função social, trouxe forte contribuição para a constituição de um povo inconformado, inquieto e lutador para com suas causas.

O povo e sua língua será o tópico do capítulo a seguir, que trará dados da história externa e interna da Língua Portuguesa, ampliando a reflexão da língua enquanto um produto e processo concretizados no meio de uma sociedade. Teremos a possibilidade de perceber como fatos externos e internos se somam para fazer com que uma língua siga o seu percurso natural de constituição de si mesma.

CAPÍTULO 2

A LÍNGUA PORTUGUESA NO SÉCULO XIX

2.1 – HISTÓRIA EXTERNA: PERIODIZAÇÃO DA LÍNGUA PORTUGUESA NO BRASIL

O mural elaborado no capítulo anterior sobre a história da imprensa traz consigo elementos importantes para a história da Língua Portuguesa no Brasil. O desenvolvimento de uma língua coloca-a obrigatoriamente diante de fatos, acontecimentos e fatores que se encontram externos a ela. O aspecto social, o político, o geográfico, o cultural etc. exercem, portanto, importante influência no fenômeno linguístico (PESSOA, 2003). Não seria sensato, por isso, deixar para um segundo plano esses elementos quando se fala de uma língua. O caso da Língua Portuguesa falada no Brasil não poderia ser diferente.

Pessoa (2003, p. 17-18) lista cinco momentos significativos no processo de constituição dessa variedade do português, os quais apresento a seguir:

1. Com o empenho português de expansão marítima, chegam em 1500 os primeiros exploradores, mas somente com a divisão do país em capitanias hereditárias, em 1534, inicia o processo de habitação nas Terras de Santa Cruz, quando a língua do colonizador chega ao Brasil. Esse período deu início à escravização indígena e ao tráfico negreiro, e, segundo o mesmo autor, instaurou-se um sentimento separatista.

2. Num período posterior a esse, já com o término das divisas impostas pelo regime de capitanias, a descoberta do ouro nas Minas Gerais e a modernização do Estado Português com as reformas pombalinas ajudaram a consolidar ainda mais o rosto linguístico brasileiro, uma vez que possibilitou um maior entrelaçamento das regiões do país. Entre os feitos do Marquês de Pombal, em 1757, fica terminantemente proibido o uso de outra língua que não fosse o português, língua do colonizador.

3. Em 1808, vem transferida para o Rio de Janeiro a família real e toda corte portuguesa, quase 15 mil pessoas. É a fase de urbanização da sociedade brasileira, que começa a se estratificar. Surge a necessidade da criação da imprensa, de bibliotecas, de escolas etc. Portugueses de várias regiões de seu país passam a conviver numa mesma cidade, ou seja, diversas variantes convivem normalmente. Esse é o período de enraizamento da Língua Portuguesa no solo brasileiro.

4. O fim do tráfico de escravos e a paulatina libertação dos escravos constituem outro momento significativo para a Língua Portuguesa usada no Brasil. A acomodação das classes sociais vai formando o rosto social do país, que agora possui uma grande parcela de escravos libertos disponíveis para o trabalho gratificado. Esse fato muito colaborou para a urbanização anteriormente já iniciada.

5. Por fim, o declínio do predomínio das oligarquias e surto de industrialização abrem no Brasil um novo tempo. Mais uma vez, percebe-se grande explosão na urbanização, ocorrem várias migrações de povos europeus e asiáticos, movimentos culturais recebem maior força e relevo, como foi o caso das vanguardas modernistas.

Numa proposta de periodização da Língua Portuguesa, que pareceu muito bem estruturada, Pessoa (2003, p. 19), levando em consideração cada momento histórico acima apresentado, elenca os seguintes estágios pelos quais passou essa língua, respectivamente:

> um período de multilinguismo e formação de variedades rurais, que corresponde aos anos de 1534 a 1750;
>
> um estágio de koineização[3] de diferentes variedades ou pré-koineização da língua comum, dos anos de 1750 a 1808;
>
> um período de formação de variedades urbanas com formação paralela da língua comum, correspondendo os idos de 1808 a 1850;
>
> um subperíodo de estabilização das variedades urbanas e da língua comum, indo de 1850 a 1922;
>
> um período de elaboração da língua literária, a partir de 1922.

Esses estágios, segundo Pessoa (2003, p. 35), podem ser agrupados em três fases, constituindo, de fato a proposta de periodização da Língua Portuguesa no Brasil, quais sejam:

fases	período	formação linguística
1ª fase	1534 – 1750	formação das variedades linguísticas rurais
2ª fase	1750 – 1922	formação do português comum brasileiro
3ª fase	1922	elaboração da língua literária

---

[3] Para Pessoa (2003, p. 23), baseado em Siegel (1985), o conceito de koineização refere-se ao fato da formação de "uma variedade linguística que reúne traços de outras variedades regionais, mas baseada primariamente em uma delas".

Considerando essa divisão, dou relevo à 2ª fase, mais precisamente entre 1808 a 1889, anos que correspondem à chegada da família real e proclamação da república. Vários fatos já foram arrolados no capítulo anterior, quando tratei da história da imprensa no Brasil e em Pernambuco. Agora, listarei vários outros acontecimentos que ocorreram nesse período de minha análise e que se relacionaram com o fenômeno linguístico do português no Brasil. Para a elaboração do quadro a seguir, baseei-me em Ilari e Basso (2009, p. 252-253).

Os dados contidos no quadro trazem fatos históricos que tocam de alguma forma no cerne da questão linguística brasileira, neste caso, a Língua Portuguesa. São apresentados elementos da história política, história da língua, da gramática, literatura, ciência, tecnologia, cotidiano e ensino.

Quadro 1 - Panorama histórico sobre a Língua Portuguesa no Brasil

Data	História Política	História da Língua / Gramática / Linguística do Português	Literatura, Ciência, Tecnologia, Cotidiano / Ensino
1808 a 1818	1808 – Instalação da Corte Portuguesa no Rio de Janeiro 1815 – O Brasil é elevado à categoria de Reino Unido, com Portugal e Algarve.	1818 – Primeiros projetos de imigração nacional (suíços, alemães e prussianos)	1808 – Fundação da Imprensa Nacional e da Biblioteca Nacional – Começa a circular o jornal brasileiro *A Gazeta do Rio de Janeiro* (periódico oficial da coroa) – Começa a circular no Brasil o *Correio Braziliense*, jornal também brasileiro publicado em Londres. 1816 – Fundação da Academia de Belas Artes
1820 a 1840	1820 – Início da imigração europeia 1822 – Proclamação da Independência 1824 – Fuzilamento de Frei Caneca 1831 – Abdicação de D. Pedro I	1825 – O Visconde de Pedra Branca fala em 'idioma brasileiro' – Vários outros autores brasileiros falam em 'idioma Nacional / idioma brasileiro' 1826 – "O deputado José Clemente propôs que os diplomas dos Médicos no Brasil fossem redigidos em linguagem brasileira" (Cf. ILARI; BASSO, 2009). 1827 – Grandes discussões sobre ensino da gramática e Língua Portuguesa nas escolas.	

Data	História Política	História da Língua / Gramática / Linguística do Português	Literatura, Ciência, Tecnologia, Cotidiano / Ensino
1840 a 1850	1845 – A Lei da Terra substitui o método das sesmarias – Agravação da má distribuição fundiária. 1850 – Fim oficial do tráfico negreiro.		1845 – Aumentam as pressões inglesas contra o tráfico negreiro
1850 a 1860		1853 – É editado o *Vocabulário para servir como complemento aos dicionários de Língua Portuguesa*, de Braz da Costa Rubim.	1857 – Fundação da Imperial Academia de Música
1860 a 1870		1860 – Prefácio de *Iracema*, de José de Alencar	1864-1906 – Atividade literária de Machado de Assis.
1870 a 1880	1871 – Lei do Ventre Livre	1874 – *Nosso Cancioneiro*, de José de Alencar 1875 – Publicação do *Breve compêndio de gramática portuguesa*, de Frei Caneca – Publicação da *Gramática portuguesa*, de A. F. Silva 1879 – 80 – Carlos de Laet e Camilo Castelo Branco se envolvem na polêmica a propósito da poesia de Fagundes Varela.	1871 – Início da colonização italiana, ligada à expansão da cultura do café. 1877-1890 – A grande seca expulsa 300 mil nordestinos em direção à Amazônia.

Data	História Política	História da Língua / Gramática / Linguística do Português	Literatura, Ciência, Tecnologia, Cotidiano / Ensino
1880 a 1890	1888 – Lei Áurea (Abolição da Escravidão) 1889 – Proclamação da República	1881 – Júlio Ribeiro: Gramática portuguesa 1888 – Macedo Soares: Dicionário brasileiro da Língua Portuguesa 1889 – Beaurepaire-Rohan: Dicionário de vocábulos brasileiros	1887 – Fim do tráfico ilegal dos escravos africanos no Brasil. 1889 – "Grande naturalização" 1890 – Declaração da liberdade de culto / Separação da Igreja e do Estado e estabelecimento do registro e casamento civil.

Fonte: o autor

2.2 – HISTÓRIA INTERNA: ORTOGRAFIA DA LÍNGUA PORTUGUESA NO BRASIL

Segundo Ilari e Basso (2009, p. 197), dois processos são importantíssimos para a configuração de uma língua nacional: a *estandardização* e a *fixação de uma norma*. Entende-se por estandardização: "O fato de que a língua assume uma mesma forma para que a maioria dos usuários e passa a obedecer a modelos definidos" (ILARI; BASSO, 2009, p. 197-198).

Nesse processo, segundo os mesmos autores, alguns fatores extralinguísticos podem se fazer presentes, como foi o caso do surgimento da imprensa. No Brasil, esse fenômeno só pôde se intensificar tardiamente, uma vez que essa inovação só aportou com a vinda da família real.

Com os recursos oferecidos pelas tipografias, um mesmo texto poderia, portanto, ser lido em diversos lugares apresentando a mesma grafia, coisa que não acontecia com mesma exatidão no período em que copistas reproduziam com várias divergências aquilo que era publicado desta maneira.

Para a fixação de uma norma, é válido ressaltar o trabalho de lexicógrafos e gramáticos, já que é preciso objetivar questões pertinentes ao vocabulário, à morfologia e à sintaxe, diante do cenário apresentado pela língua que se pretende configurar.

No que tange à ortografia da Língua Portuguesa, cito três momentos distintos de seu percurso:

1. A *Ortografia fonética*, que perdurou por todo momento medieval até o final do século XVI. Nesse período, percebe-se a tentativa de reproduzir fielmente os sons da fala, o que possibilitou diversas alternativas de escrita para uma mesma palavra.

2. O período *Pseudoetimológico* caracteriza-se pela tentativa de trazer para a escrita a origem das palavras, procurando, principalmente no latim e no grego, a melhor possibilidade de escrita. Nesse período, estabeleceu-se, por exemplo, o uso do 'h' diante da palavra 'homem' e do verbo 'haver', uma vez que era assim no latim, como também o emprego do 'ph', para representar o 'f' em palavras advindas do grego – p. ex.: *pharmácia* (ILARI; BASSO, 2009, p. 200). O período pseudoetimológico recebe esse prefixo, porque, algumas vezes, não havia uma explicação etimológica exata, como é o caso de *'hermitão'*, que, por não se encontrar explicação exata para o emprego do 'h' em seu início, decidiu-se dizer que, pelo fato de essa letra lembrar um cajado, utensílio bastante usado por um ermitão. Hoje, já é escrita sem o 'h'. Os textos que serviram de *corpus* para esta pesquisa foram produzidos nesse período, que perdurou até 1911.

3. O terceiro e último período é o da *Ortografia simplificada*. Essa fase teve início com os estudos do linguista português Aniceto dos Reis Gonçalves Viana. Mudanças[4] bastante significativas puderam ser vistas, como a supressão de letras repetidas: commum > comum; a eliminação de letras mudas: inmensos > imensos; substituição de letras ainda do período pseudoetimológico: Troyanos > Troianos etc.

Retomando o segundo momento da ortografia da Língua Portuguesa, aproveitemos para conhecer a visão da época que se tinha sobre a língua, por meio de uma importante gramática desse período, cujo título é *Grammatica Philosophica da Língua Portuguesa ou Princípios da Gramática Geral applicados á nossa linguagem*, de Jeronymo Soares Barbosa.

---

[4] Esses exemplos foram coletados dos textos pertencentes ao *corpus* analisado, uma vez que eles ilustram o segundo momento da ortografia do português brasileiro.

Essa obra foi publicada em 1866, em Lisboa, pela Typographia da Academia Real das Sciencias.

Apresentarei a seguir uma imagem extraída da primeira página da referida gramática.

Imagem 1: Grammatica Philosophica

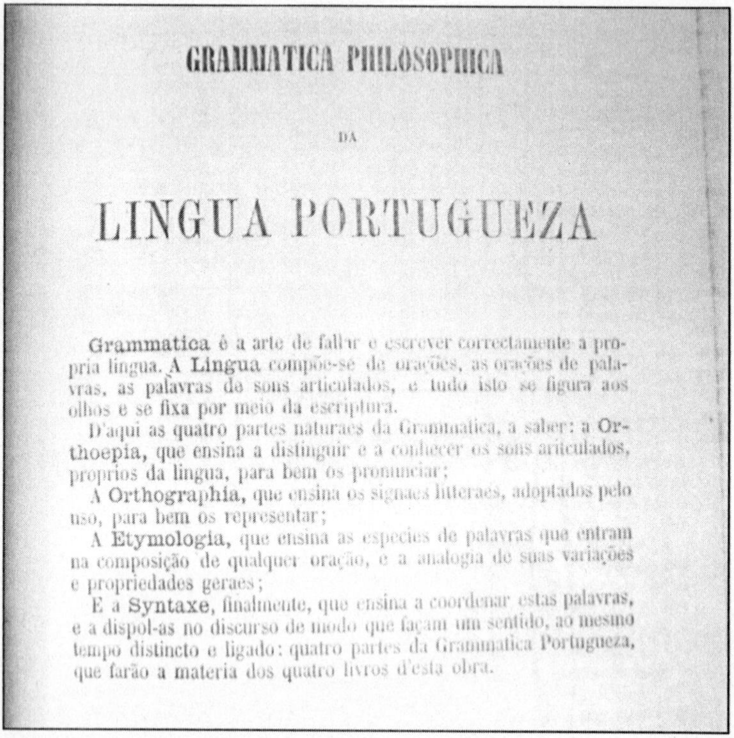

> **GRAMMATICA PHILOSOPHICA**
>
> DA
>
> **LINGUA PORTUGUEZA**
>
> **Grammatica** é a arte de fallar e escrever correctamente a propria lingua. A **Lingua** compõe-se de orações, as orações de palavras, as palavras de sons articulados, e tudo isto se figura aos olhos e se fixa por meio da escriptura.
> D'aqui as quatro partes naturaes da Grammatica, a saber: a **Orthoepia**, que ensina a distinguir e a conhecer os sons articulados, proprios da lingua, para bem os pronunciar;
> A **Orthographia**, que ensina os signaes litteraes, adoptados pelo uso, para bem os representar;
> A **Etymologia**, que ensina as especies de palavras que entram na composição de qualquer oração, e a analogia de suas variações e propriedades geraes;
> E a **Syntaxe**, finalmente, que ensina a coordenar estas palavras, e a dispôl-as no discurso de modo que façam um sentido, ao mesmo tempo distincto e ligado: quatro partes da Grammatica Portugueza, que farão a materia dos quatro livros d'esta obra.

Fonte: Fotografia (produção particular) da obra citada

Abaixo, transcrevo o texto na íntegra para facilitar a leitura:

GRAMMATICA PHILOSOPHICA

DA

LINGUA PORTUGUEZA

Grammatica *é a arte de fallar e escrever corretamente a propria lingua. A* **Lingua** *compõe-se de orações, as orações de palavras, as palavras de sons articulatórios, e tudo isso se figura aos olhos e se fixa por meio da escriptura.*

D'aqui as quatro partes naturaes da Grammatica, a saber: a **Orthoepia***, que ensina a distinguir e a conhecer os sons articulados, proprios da lingua, para bem os pronunciar;*

A **Orthographia***, que os signaes litteraes, adoptados pelo uso, para bem os representar;*

A **Etymologia***, que ensina as especies de palavras que entram na composição de qualquer oração, e a analogia de suas variações e propriedades geraes;*

E a **Syntaxe***, finalmente, que ensina a coordenar estas palavras e a dispol-as no discurso de modo que façam um sentido, ao mesmo tempo distincto e ligado: quatro partes da Grammatica Portugueza, que farão a matéria dos quatro livros d'esta obra.*

É interessante observar que a forma como algumas palavras foram escritas no trecho da obra apresentada acima assemelha-se àquilo que encontrei no *corpus* de analisado, conforme veremos adiante. Já a ideia que se apresenta de língua aproxima-se do que conhecemos por Estruturalismo linguístico. A gramática tinha, portanto, o objetivo de tratar de questões ligadas à ortoepia, ortografia, etimologia e sintaxe. É mister perceber a presença de uma preocupação etimológica, uma vez que se insere no período Pseudoetimológico da ortografia da Língua Portuguesa.

Tais características, que se encontram na segunda fase da história da Língua Portuguesa, retratam uma de suas faces em seu processo de constante mudança e constituição. A tarefa a seguir será a construção do perfil do leitor e da sociedade em que esta etapa da língua se encontrava, finalizando com uma detalhada descrição do adjetivo e sua presença em textos.

CAPÍTULO 3

A SOCIEDADE LEITORA PERÍODO COLONIAL E IMPERIAL E O FENÔMENO DA ADJETIVAÇÃO

3.1 – O BRASIL E A LEITURA NO PERÍODO COLONIAL E IMPERIAL

A partir do cenário que foi construído na seção anterior sobre o processo de constituição da Língua Portuguesa no Brasil, podemos ter uma ideia daquilo que irei descrever nesta de agora. O século XIX é, sem dúvida, um celeiro de personagens inquietantes e intrigantes no panorama da história do Brasil, que geraram circunstâncias também interessantes neste mesmo cenário. Falar de sociedade leitora e de livros entre os idos de 1808 a 1889 é tarefa que exige uma breve lembrança de outros momentos anteriores a esse por mim determinado.

Segundo Villalta (1997, p. 332-333), a realidade brasileira pós-colonização e se caracterizava por uma sociedade de vida desregrada que não temia à tríade **F, L, R**, ou seja, não possuía **Fé**, não tinha uma **Lei** e não obedecia a um **Rei**. Esse painel precisava ser dominado a todo custo, ainda que por meio da imposição e do obscurantismo, por isso,

> A Coroa procurou controlá-los para manter a obediência, o que na Colônia, exigia *dependência* – com tal tutela, mais incisiva no que toca à imposição da Língua Portuguesa, a instrução escolar e circulação de livros, já gravados na Metrópole, prejudicaram-se sobremaneira.

55

Ao mesmo tempo, como a instrução escolar e os livros rareavam e, em muitos espaços, falavam-se "línguas gerais" de origem tupi, evidenciava-se a distância que separava a Colônia do Reino, sinalizando que a primeira era menos "civilizada" e, por conseguinte, justificando a preservação do vínculo colonial (VILLALTA, 1997, p. 333).

Por essa razão, no período de 1534 a 1808, a Metrópole fez cair por sobre a Colônia uma grande venda nos olhos. Não havia uma proibição de entrada de livros e outras publicações, mas um filtro que muito pouco deixava passar algo que não estivesse sob o olhar dos censores do Reino e da Igreja, que viviam em regime de parceria.

No Brasil, desde a instauração das capitanias hereditárias até 1750, duas línguas gerais indígenas se faziam presentes no domínio público: a "língua geral do sul" – guarani, mas presente no sudeste, centro e sul do país, e a "língua geral do norte" – tupi, bastante utilizada na costa nordeste e norte (VILLALTA, 1997, p. 339). Havia muitas outras cuja origem encontrava alicerce nessas duas anteriormente citadas. Somente os atos oficiais civis faziam uso da Língua Portuguesa, uma vez que a Igreja adotava ainda o latim para suas diversas cerimônias. Além disso, há registro de várias publicações de catecismos, opúsculos doutrinais, catequéticos e pequenos tratados em línguas indígenas, e não em Língua Portuguesa. O tratamento dado às línguas africanas não foi o mesmo, inclusive adotava-se a segregação de indivíduos de mesma tribo para que não houvesse possibilidade de comunicação nem de planos mais ousados.

Nas escolas jesuíticas, a língua empregada era o latim, por meio da qual se estudava tudo: lógica, aritmética, retórica etc. Até as intervenções pombalinas, que iniciaram por volta da segunda metade do século XVIII, não havia especulação alguma sobre o uso da língua do colonizador, que negava à colônia alguns títulos universitários, pois visava desprestigiar o desenvolvimento de conhecimento no Brasil. O principal objetivo era manter a dependência à Universidade de Coimbra.

Em 1759, os jesuítas foram expulsos do Brasil e, mesmo sabendo que a educação escolar estivesse subjugada às orientações religiosas, houve um grande déficit na qualidade da educação oferecida, a partir de então, pelo Governo, uma vez que não detinha condições adequadas para tal. A educação tentava, portanto, incutir a ideia de uma sociedade de classes, além de patriarcal e colonial.

Sem investimentos na educação por parte do Governo, muitos pais, os que podiam, tiveram de pagar para que seus filhos recebessem educação, outros ainda matriculavam seus filhos em seminários diocesanos, uma vez que preservavam formação sólida, no intuito da ordenação de padres. Entretanto, muitos jovens desertavam dos seminários em anos finais, já que não tinham desejo de se tornarem clérigos. Segundo Villalta (1997, p. 357), entre 1760 e 1820, o analfabetismo em Portugal alcançava as margens dos 60%, o que nos leva a concluir que na colônia esse número poderia ser muito mais elevado. O autor diz ainda que até a primeira metade do século XIX, no Nordeste, era comum que muitos filhos de senhores de engenho estudassem em casa com padres ou com professores particulares.

Sobre esse aspecto, Araújo (1999, p. 448) destaca:

> O Brasil colonial era inculto, provinciano, limitado e bacharelesco, semifeudal e na sua bitola anacrônica do assentimento colonizador, absolutamente herdeiro da tradição

católico-medieval. Assim, a sociedade leitora salientará os elementos típicos da colonização e revelará aspectos livrescos que vão desde o paisagismo histórico e tratadista à História natural, ao ditirambo e panegírico de uma ciência literária nascente.

Com tais características, as bibliotecas particulares além de restritas em títulos, eram raras. Alguns bispos, sacerdotes, advogados, cirurgiões mantinham em seus acervos basicamente livros devocionais, breviários, livros de oração e catecismos. Somente a partir do século XVIII, títulos que versavam sobre política, filosofia e ciências exatas e naturais começaram a ser encontrados, diga-se de passagem, em posse de pessoas mais "sensíveis às inovações", ou seja, liberais (VILLALTA, 1997, p. 364).

Na passagem do século XVIII para o XIX, em Cuiabá, com o Pe. Manoel de Siqueira; em Salvador, com o Pe. Francisco Gomes; e no Rio de Janeiro, com o Sr. João Mendes, pai do poeta Antônio José, podiam ser encontrados títulos livros de ciências gerais, naturais, livros ilustrados, enciclopédias, autores franceses, como Lavoisier, Buffon, escritos de Rousseau – *Émile*, e ainda *Histoire Philosophique* etc.

Mesmo proibidos, já circulavam na colônia diversos jornais (pasquins, a meu ver) vindos da Europa, com ideias bastante inflamadas que feriam a tríade Fé, Lei e Rei. Apareceram outros títulos brasileiros, bastante observados e perseguidos em tempos posteriores, conforme tratei no capítulo anterior. Os jornais e pasquins, como já vimos, apresentavam mais possibilidades de aquisição com a instalação da imprensa, mas o mesmo não acontecia com os livros, que eram instrumento público de ostentação e poder. Não seria, portanto de se estranhar que

> Os livros foram, muitas vezes, motivo de inventividade entre seus leitores. Em casos extremos, foram usados na sedução e gozo dos prazeres mais íntimos, subvertendo os valores estabelecidos (VILLALTA, 1997, p. 373).

Também a partir dessa passagem de século, a leitura ganhou mais espaço nas casas, onde recebeu móveis adequados, para perto dos quais acorriam aqueles que desejassem escutar a leitura em voz alta de narrativas, folhetos de cordel, folhetins literários etc. Essa prática de leitura em alta voz era bastante estimulada em escolas, que, inclusive, organizavam campeonatos entre seus alunos. Essa prática de oralidade era bastante presente nas igrejas, em virtude de seus atos litúrgicos, nos quais encontravam-se membros do clero responsáveis pela leitura nas diversas cerimônias. Não era de se admirar com os índices de analfabetismo, que ultrapassavam os 60% da população.

De uma maneira geral, Araújo (1999), em seu já citado trabalho, afirma que, no Brasil, lia-se pouco, começando a ler, de fato, a partir do século XVII. A preferência era por obras de cunho religioso, pela influência religiosa do colonizador. Podemos, ainda, encontrar listas específicas de livros que foram encontrados em diversos arquivos e bibliotecas em todo Brasil, datados de vários séculos desde o XVII. Entre os títulos que compunham esse século, estavam *Tratado prático de Arithmética*, de Matheus Leme; *Novelas exemplares*, de Cervantes; e *Peregrinação*, de Fernão Pinto.

Já no século seguinte, percebe-se, segundo o mesmo autor, uma ampliação em qualidade e quantidade das obras, mesmo assim, a predominância é do âmbito religioso, que perdurou até 1850, dentre os quais cito: *Liturgia Horarum, Flos Sanctorum, Legenda Magna, Teologia Moral, Mística cidade de Deus, Compêndio narrativo do Peregrino da América, Reflexão sobre a vaidade dos homens* etc.

Apareceram, ainda, novos títulos além dos Religiosos: Medicina e Cirurgia, Farmácia, Direito, Literatura clássica e moderna, e Gramática. Na maioria das vezes, a leitura estava bastante ligada ao ofício desempenhado pelos leitores, o que limitava bastante a necessidade e acesso a livros de outras áreas, senão as de maior demanda social.

Através da leitura, poder-se-ia chegar a reflexões mais aprofundadas, o que preocupava os governantes, por isso, era preciso que se mantivesse a observância do sistema feudal. A leitura poderia abrir os olhos dos colonos, por isso era considerada perigosa e foi cerceada. Aqui a situação da educação brasileira encontra suas bases infundadas, o que relegou prejuízos até hoje presentes, quando tomamos conhecimento de pesquisas educacionais do Brasil diante de outros países.

Nesta seção, tratei da leitura, livros, leitor e sociedade. Passarei agora a uma análise descritiva dos adjetivos até chegar à discussão sobre esta classe gramatical nos textos coletados. Por isso, na próxima seção, versarei do adjetivo em distintas dimensões, desde o seu aspecto funcional nos textos até o seu valor semântico de qualificar e classificar os termos que predicam.

3.2 – ADJETIVO: UMA CLASSE DE VALORES

A mídia impressa, assim como todas as outras mídias, tem a linguagem como alicerce para sua produção. Saber '*o que se quer dizer*' não é o bastante, mas '*o como se vai dizer*' reúne uma gama de fatores que exigem um trato minucioso para com a linguagem. A escolha das palavras a serem veiculadas na mídia é trabalho que exige atenção a fim de que os objetivos pretendidos sejam conquistados sem que haja problemas de ambiguidade, por exemplo (LAPA, 1998, p. 25). Nesse sentido, o adjetivo, por ser uma categoria gramatical eminentemente qualificativa, exerce relevante papel no universo de criação midiática, sendo um elemento predicativo.

Trataremos do adjetivo em duas perspectivas: a primeira é linguística, na qual utilizaremos o aporte teórico de Coseriu (1987), Dixon (2004), Câmara (2007) e Neves (2000); a outra é gramática com os trabalhos de Bechara (2000) e Cunha e Cintra (2008).

Coseriu (1987), ao refletir sobre o processo de nominalização, afirma que os adjetivos podem exercer função de:

a. especificadores distintivos:

O soldado romano é muito forte.
O soldado francês é mais atento.

b. delimitadores, que são complementos do substantivo e se subdividem em três subgrupos:

i. os de explicação, que evidenciam características inerentes aos seres nomeados:
O vasto oceano parece poluído.

ii. os de especialização, que delimitam os limites extensivos ou intensivos do ser nomeado:
A cidade inteira está em greve.

iii. os de especificação, que restringem as possibilidades de referenciação de um ser entre os demais:
O menino louro cantará neste show.

Essa gama de possibilidade semântica exercida pelo adjetivo é, em última instância, uma forma de identificar algo. Daí a função geral do adjetivo de ser um identificador das diversas naturezas (COSERIU, 1987, p. 228).

Segundo Dixon (2004, p. 32), a maioria das línguas do mundo possui a classe do substantivo, do verbo e do adjetivo. As duas primeiras, em oposição à terceira, parecem apresentar maior possibilidade de uso e função na língua. Para esse autor, o adjetivo tem a função de (i) comunicar a propriedade de algo; como também de (ii) especificar um substantivo, atribuindo qualidades ou modificando sua essência, (iii) ser um parâmetro de comparação entre entidades distintas; (iv) ser um modificador por meio do processo de derivação. Observemos os exemplos, que ilustram as funções apresentadas acima:

(i) - O vestido é bonito.
(ii) - O vestido bonito foi vendido.
(iii) - Este vestido é mais bonito que aquele.
(iv) - Ele fala bonito.

Para Câmara (2007, p. 46), o adjetivo é uma "palavra de natureza nominal ou pronominal, que se associa com um substantivo e, em muitas línguas, fica em concordância com ele; em português a concordância é em gênero e número".

Sintaticamente, o adjetivo pode assumir as funções de *adjunto* ou *predicativo*, e pode se dividir em *qualificativos* (quando são de natureza nominal) - p. ex.: Paulo é inteligente. - ou como *determinantes* (quando são de natureza pronominal) - p. ex.: Meu livro está em casa. - essa última classificação já não é tão empregada em Língua Portuguesa.

Percebe-se ainda que, em sentido lato, a função de *adjunto* corresponde, segundo esse mesmo autor, a uma palavra ou locução em subordinação a outra na frase, para lhe completar ou fixar o sentido. No que diz respeito à função de *predicativo*, Câmara (2007) coloca-o dentro dos complementos, que serve de acréscimo ou ampliação para comunicação linguística que ocorre no predicado.

O complemento predicativo, como diz o mesmo autor (2007, p. 91), pode estabelecer um nexo com o sujeito ou com o objeto, sendo respectivamente predicativo do sujeito – *p. ex.: André é sábio.* –; e predicativo do objeto – *p. ex.: Considero-o inteligente.* Sobre o predicativo do sujeito, o autor afirma que esse complemento predicativo é a essência das orações nominais, como também indicam a existência de uma situação.

Neves (2000, p. 173) compreende que "os adjetivos são usados para atribuir uma propriedade singular a uma categoria denominada por um substantivo". Essa atribuição pode funcionar de duas formas (*cf.* 173-226):

a. qualificando (qualificadores): *Elaine é uma moça gentil e simpática.*

b. classificando (subcategorizadores): *Foi solicitado um laudo psiquiátrico do paciente.*

Segundo essa autora, os adjetivos podem se apresentar na forma simples ou na forma perifrástica, mas não é o objetivo aqui tratar dessas reflexões. Passemos, pois, para as funções que eles podem assumir.

Além das funções de *adjunto* e de *predicativo*, já sinalizadas em Câmara (2007), Neves (2000) acrescenta-lhe três diferentes funções: a *de argumento, de aposto* e *as próprias do substantivo,* ao ser considerado o núcleo do sintagma nominal.

A função de argumento concede ao adjetivo o status sintático de *complemento nominal* – ex.: *A sua obsessão* matrimonial *levou-a à morte*. Na função apositiva, o próprio nome já lhe designa – ex.: *Ela viu o sol,* reluzente, *parecia de ouro*.

É sabido que um adjetivo pode adotar um aspecto de substantivo, assumindo as características de um referenciador – ex.: *O* azul *muito me agrada*. O adjetivo pode, também, assumir o papel de substantivo, podendo, desta forma, exercer as funções de sujeito, objeto direto e indireto, aposto, complemento nominal, predicativo do sujeito, bem como, na posição de núcleo, em locuções adjetivas e adverbiais.

Neves (2000) sistematiza ainda subclasses para os adjetivos, considerando-os *qualificadores* ou *qualificativos* e *classificadores* ou *classificatórios*, esses últimos são os *subcategorizadores*.

Quando **qualificam**, os adjetivos podem ser:

a) graduáveis: *O assunto é mais* fácil *do que eu pensava*.

b) intensificáveis: *Ele mostrou-se extraordinariamente* contente.

c) modalizadores: *É* evidente *que ele passe sem problemas*.

d) avaliativos: *Sua atitude foi* decepcionante.

e) atenuadores: *Vivíamos numa* relativa *alegria*.

f) definidores: *Após um* rápido *exame, chegaremos ao colégio*.

g) autenticadores: *Ela possui um* perfeito *exemplo de polidez*.

h) relativizadores: *Pedro tem um teto* aproximado *de dois ou três salários*.

Quando **classificam** (subcategorizam), os adjetivos:

a) exercem a função do caso genitivo: *tubo* digestivo *(de digestão)*

b) recebem prefixos com valor numérico: *seres* unicelulares

c) podem se referir a nomes próprios: *período* joanino

Os adjetivos classificadores (subcategorizadores), segundo a mesma autora, podem expressar noções adverbiais:

a) circunscrevem o domínio de uma extensão:

- do ponto de vista de um conhecimento: O *mundo científico* cresce muito.

- do ponto de vista pessoal: *Não conheço sua vida particular*.

b) localizam no espaço de objetos, ações, estados e processos:

- localização absoluta: *O abrigo subterrâneo era inatingível.*

- localização relativa: *A igreja possuía uma nave central.*

- localização no tempo: *O mês passado passou rápido.*

- quantidade de tempo: *Lembramos de uma luta milenar.*

- substituição de tempo: *O carro está com o novo dono.*

- localização de tempo pontual: *Ele está no lugar habitual.*

Neves (2000) apresenta também longas reflexões sobre a posição do adjetivo na estrutura sintática das frases. Em português, é muito comum que assuma a posposição em relação ao termo que qualifica/classifica. Isso não exclui a possibilidade de que outra forma ocorra, no entanto, em alguns casos, pode haver alteração semântica.

Existem possibilidades que apresentam diversas formas de estruturação em que há um ou mais adjetivos, bem como substantivos entre adjetivos com funções qualificativas ou classificatórias em relação ao mesmo substantivo ou, até mesmo, a um adjetivo. Como de costume, a autora, assim como os outros, discorre sobre aspectos mais formais e estruturais do adjetivo, tratando de elementos como concordância de gênero e número e suas possibilidades derivacionais.

Para Bechara, o "adjetivo é uma classe de lexema que se caracteriza por constituir a *delimitação*, isto é, por caracterizar as possibilidades designativas do substantivo, orientando delimitativamente a referência a uma *parte* ou um *aspecto* do denotado" (BECHARA, 2000, p. 142). Este autor apresenta a mesma ideia de concordância que o adjetivo pode estabelecer com o signo determinado, por meio de afixos que tenham significado de gênero e número.

Sua proposta de categorização (BECHARA, 2000, p. 142-147) elenca as seguintes possibilidades: *explicação, especialização* e *especificação*. Dessa forma, os adjetivos são entendidos como instrumentos gramaticais de determinação nominal, por isso podem ser:

a. delimitadores explicadores, que designam uma informação já inerente ao ser denotado, p. ex.: o *vasto* oceano.

b. delimitadores especializadores, que marcam os limites extensivos ou intensivos do designado sem isolá-lo ou opô-lo a outros elementos da sua mesma classe, p. ex.: o sol *matutino*.

c. delimitadores especificadores, que delimitam dentro da classe correspondente outra classe menos ampla, p. ex.: o castelo *medieval*.

As outras reflexões apresentadas por esse autor se concentram em aspectos mais estruturais e formais do adjetivo, ou seja, concordância de gênero, número, como também trata da derivação de grau e suas inúmeras exceções.

Cunha e Cintra (2008, p. 280), quanto à posição do adjetivo na frase, afirmam que a gramática prescreve que o adjetivo venha após o termo do qual diz algo. No entanto, há ainda a possibilidade de ele se antepor ao mesmo termo, neste caso, pode haver alteração de sentido, como se percebe nos exemplos a seguir:

(i) João é um velho amigo.
(ii) João é um amigo velho.

Em (i), João é um amigo de longas datas, enquanto que em (ii), João é uma pessoa com idade já avançada. A mudança de posição, portanto pode alterar o sentido do adjetivo. Por outro lado, quando um nome próprio é precedido de artigo ou de pronome possessivo, aconselha-se que o adjetivo preceda o substantivo, come é o caso dos seguintes exemplos: O <u>velho</u> Chico corre em leito bastante cobiçado, ou ainda, Meu <u>querido</u> filho passou no exame de aptidão.

3.3 – O UNIVERSO SEMÂNTICO DOS ADJETIVOS

O universo semântico do adjetivo em qualquer que seja o texto dependerá, obviamente, do assunto/tema a ser abordado. As palavras empregadas num texto se farão presentes à medida que forem consideradas necessárias e, principalmente, *adequadas* aos objetivos pretendidos e *funcionais* no campo pragmático da linguagem. Desta forma, a depender do assunto dos textos, poderemos encontrar adjetivos dos mais variados campos semânticos como, por exemplo: da agressão, do menosprezo, da injúria, como também, da anuência, do apoio, do incentivo etc. conforme o caso dos pasquins.

Segundo Koch (2002, p. 154), a presença das palavras de um texto é fruto de uma escolha intencional: "é através dela [seleção lexical] que se estabelecem as oposições, os

jogos de palavras, as metáforas, o paralelismo rítmico etc.".
Será a intenção, portanto, o determinante para a escolha ou
rejeição de certo lexema. Nos pasquins, isso não poderia ser
diferente conforme veremos mais adiante. Sobre isso ainda,
Antunes (2005, p. 54) afirma que:

> Existe sempre, por mais tênue que seja, uma
> ligação semântica entre as palavras de um
> texto. Não podia ser diferente, uma vez que
> todo texto é necessariamente marcado por
> uma unidade temática, isto é, pela concentra-
> ção de um único tema, embora desenvolvido,
> às vezes, em subtemas diversos".

Biderman (1996, p. 28), em pesquisas relacionadas
ao léxico fundamental da Língua Portuguesa, evidencia
"*a existência de um núcleo lexical no interior do léxico de um
idioma, que ocorre em qualquer tipo de discurso formulado na
língua em questão*". Numa tentativa de estabelecer o índice
das palavras mais frequentes e usuais em Portugal, como
também visando propiciar, de uma forma mais eficaz, um
ensino da língua a estrangeiros, determinou-se um vocabulário fundamental do Português.

As unidades léxicas foram agrupadas em 31 *Centros
de Interesse* (CI): *corpo humano; vestuário; estabelecimentos de
ensino; doença e saúde; higiene pessoal; desportos (esportes); refeições, alimentos e bebidas; cozinha e objetos que vão à mesa; meios
de transporte; viagens; a cidade; aldeia e trabalhos do campo;
casa; família; vida sentimental; correio; meios de informação;
casas comerciais; profissões e ofícios; arte; tempo (condições
atmosféricas); religião; café; animais; plantas, árvores e flores;
divertimentos e passatempos; verbos referentes à vida mental;
vida política; relações de trabalho, e problemas econômicos de*

caráter coletivo. Tais centros de interesse correspondem ao que chamamos, mais frequentemente, de '*campos semânticos*'.

Numa tentativa de mapeamento de verbos que foram referidos ao adjetivo, os quais indicam as ações discursivas que se podem praticar por meio do uso dessa palavra, nos escritos dos autores analisados, observamos as seguintes ocorrências: *atribuir, ampliar, completar, caracterizar, classificar, designar, referenciar, delimitar, explicar, especializar, especificar, determinar, significar, qualificar e predicar.*

No próximo capítulo, apresentarei uma análise bastante detalhada da classe dos adjetivos nos textos coletados, observando critérios como: quantidade, posição, função, carga semântica, atualidade; para tanto, utilizarei essa fundamentação sobre os adjetivos para as análises.

CAPÍTULO 4

ANÁLISE E DISCUSSÃO DOS DADOS

Entendemos que uma análise estrutural de textos pode revelar elementos bastante significativos de um momento específico da história de uma língua. Neste caso, a descrição que ora apresento da tessitura de textos do século XIX revela uma face síncrona da Língua Portuguesa, que, assim como todas as outras, não pode ser entendida como *ergon* (produto), mas como *energeia* (processo), o que justificaria a presente proposta de análise estrutural.

Selecionei quatro pasquins pernambucanos. Aos textos veiculados nos pasquins não foi atribuída uma classificação quanto ao gênero a que pertencem, nem foi meu objetivo discorrer sobre o valor discursivo que esses textos exerceram na época em que foram produzidos e divulgados. Assim sendo, destacarei os adjetivos, que como já mencionei, exercem a função de "atribuir uma propriedade singular a uma categoria (que já é um conjunto de propriedades) denominada por um substantivo" (NEVES, 2000, p. 173), a fim de perceber alguns fenômenos.

Optei, nesta análise, por abordar o adjetivo numa perspectiva morfossintático-semântica. Não é meu objetivo tratar de questões que se enquadrem especificamente no campo discursivo, embora, evidentemente, compreenda que mesmo uma análise estruturalista aponte para o perfil discursivo dos textos e não me furte de considerar esse viés. Quero deixar claro, porém, que o objetivo é principalmente descritivo. Para tanto, transcrevi os trechos onde se encontram os adjetivos, e, a fim de facilitar futuras conferências, indico as páginas dos periódicos em que foram coletados.

Para analisar os adjetivos presentes nos textos, considero os seguintes critérios:

a. **a quantidade e a recorrência de adjetivos**

Este critério apresentará a quantidade total de adjetivos no pasquim e em cada página em particular, e a repetição dos adjetivos.

b. **a posição e a função sintática dos adjetivos nas orações**

Este critério tratará da posição do adjetivo nas frases, observando a anteposição e posposição, apresentando informações percentuais sobre esse fenômeno. Tratará ainda da função textual dos adjetivos (qualificador ou classificador), e, por fim, elencará o rol das funções sintáticas exercidas pelos adjetivos.

Para a classificação sintática, dos adjetivos nos excertos transcritos, utilizarei abreviaturas para facilitar a leitura. Diversas foram as funções sintáticas que pude classificar nos periódicos analisados. Abaixo, apresento cada uma delas com sua respectiva abreviatura:

Sujeito	SUJ
Predicativo do sujeito	PS
Objeto indireto	OI
Objeto direto	OD
Predicativo do objeto	PO
Adjunto adnominal	AA

Adjunto adverbial	AAdv
Aposto	AP
Vocativo	VOC

Não incluí, nesta seleção, as perífrases adjetivais e as orações relativas, mesmo sabendo que esses elementos apresentem valor adjetivo no contexto em que se inserem. Da mesma forma não incluí os verbos na forma nominal do particípio passado, por constituírem, na maioria das vezes, uma perífrase verbal na voz passiva.

Transcrevi o trecho em que encontrei o adjetivo a fim de ter uma percepção um pouco mais contextual dessa categoria no local em que foi empregada. Os adjetivos antepostos aos substantivos aparecem sublinhados a fim de serem diferenciados dos pospostos. Alguns adjetivos apareceram mais de uma vez nos pasquins, ao seu lado há um número que indica a quantidade de ocorrências, aqueles que não apresentam números só apareceram uma vez em todo o texto.

Para a análise da posição, desprezei aqueles que assumiam a função de sujeito, objeto direto, objeto indireto, predicativo do sujeito e predicativo do objeto. Preferi analisar apenas os adjuntos adnominais, uma vez que são, sintaticamente, termos acessórios da oração, ficando diretamente ligado a um substantivo, em quase a totalidade dos casos, ou seja, assumindo posição periférica em relação ao núcleo dos termos da oração.

c. o universo semântico

Este critério observará quais os campos semânticos e centros de interesse em que os adjetivos podem ser agrupados. Apresentarei nesse quesito alguns quadros com pequenas seletas de adjetivos que se referem a um determinado grupo social, político ou étnico.

d. a atualidade dos adjetivos

Este critério analisará se os adjetivos empregados nos pasquins coletados apresentam uso no cotidiano, caso não, destacarei aqueles que não são considerados hodiernos.

Inicio as análises pelo pasquim *O Praieiro* (1845), seguido pelo *A Voz do Brasil* (1847), vindo depois *O Foguete* (1844), concluindo com *O Tribuno* (1847). Não houve critério de ordem para a disposição dos jornais por data ou qualquer que seja.

4.1 – O PRAIEIRO

Analisarei, primeiramente, o pasquim **O Praieiro**, da segunda-feira, 03 de novembro de 1845 (ver Anexo 1). Segundo Nascimento (1967), esse periódico que se intitulava como *Periódico Político Tam-Somente*, teve o início de sua veiculação em 23 de outubro de 1845, com o formato de 22cm x 16cm. Seus textos se organizavam em quatro páginas apenas, todas elas divididas em duas colunas.

Sua divisa, espécie de epígrafe, trazia as seguintes palavras: "*Liberdade na elleição dos representantes do Paiz, recta administração de justiça, economia nos dinheiros públicos.*", que era a Máxima do Partido Nacional. Sua impressão ocorria na Tipographya Imparcial, e sempre se colocou ao lado das organizações que propagavam ideias contra o conservadorismo português bem como a influência política que estes ainda exerciam no Brasil império.

Seus textos ridicularizavam os políticos decaídos, fazendo uso de termos bastante injuriosos, conforme pode-se ver no Anexo 1. Abaixo, encontram-se todos os adjetivos presentes no número selecionado do referido pasquim.

O USO DOS ADJETIVOS EM PASQUINS

Quadro-sinóptico 2: *O Praieiro*

Página 1
- Aquelles, a quem o **exagerado** espírito de partido não tiver colocado em estado de
  (AA)
  achar só **bom**, e **bello** tudo quanto for de seo lado
  (PO)   (PO)
- por seus correligionários **políticos**, não puderão certamente
  (AA)
- apresentou na côrte uma conducta **exemplar**
  (AA)
- Fez os **maiores** e mais **importantes** serviços
  (AA)   (AA)
- o Sr. Uchoa Cavalcanti era termo **heterogêneo**
  (AA)
- a deputação **praieira** portou-se sempre
  (AA)
- nas crises as mais **arriscadas**, e **melindrosas**
  (AA)   (AA)
- a **maior** dignidade e perseverança
  (AA)
- [a deputação praieira] muito **unida**, muito **desinteressada**
  (AA)   (AA)
- á despeito dos negócios **vitaes** da Província
  (AA)
- os deputados **praieiros** não se curvarão
  (AA)
- os deputados **praieiros** não pedirão para si
  (AA)
- naõ para promover o interesse **privado**
  (AA)
- os deputados **praieiros** não trouxeraõ os peitos **cobertos** de hábitos
  (AA)   (AA)
- nem sacos **cheios** d'ellas
  (AA)
- esses deputados do Barão **cahido**,
  (AA)
- sem a **menor** attenção
  (AA)
- Deve dar as honras **conferidas** pelo Monarcha,
  (AA)

| • para quanto **analphabeto** e **pelintra** |
| (AA) (AA) |
| • lhes pareceu **conveniente** |
| (PO) |
| • dispor ao trabalho de uma **nova** elleição. |
| (AA) |
| • O partido da Praia mais **sério**, mais **commedido**, mais **digno** |
| (AA) (AA) (AA) |
| • esse **fragmentado** do partido denominado — **Baronista**. |
| (AA) (PO) |

Página 2
• mais **amigo** do Paiz
  (AA)
• o melhoramento **phisico**, e **moral** da província
  (AA) (AA)
• melhorar a sorte dos **Braslieiros**, ouvindo a representação **Pernambucana**
  (AA) (AA)
• homem **probo**, e **intelligente**, magistrado **integérrimo**, e **livre**
  (AA) (AA) (AA) (AA)
• o governo **provincial** que tão sabia
  (AA)
• um Presidente **recto**, e **intelligente**
  (AA) (AA)
• o mais **relevante** serviço?
  (AA)
• A Província está **salva**
  (PS)
• estão **povoadas** de ladrões, e malfeitores
  (PS)
• o crime **espavorido** corre **precipitado** das plagas **Pernambucences**!
  (AA) (PS) (AA)
• em sua civilisação, e grandeza **material**,
  (AA)
• para poderem gozar prazeres **criminosos** e **infernaes**!
  (AA) (AA)
• temamos o ferro **homicida**
  (AA)
• façaõ n'ellas **perfidas** emboscadas,
  (AA)

- que não tem requizitos **precisos**, e **necessários** para
  (AA)   (AA)
- mas os homens **sensatos**
  (AA)

Página 3
- a Praia finalmente não sancciona o principio **terrivel** do roubo,
  (AA)
- um ou outro membro desse <u>**grande**</u> partido **nacional** menos **contente** e **satisfeito**;
  (AA)   (AA)   (AA)   (AA)
- existe na Praia a <u>**maior**</u> uniaõ,
  (AA)
- taes são os principios, que a Praia consagra como **indispensaveis**
  (PO)
- a Província tem na Tribuna **Nacional** porque sem a **menor** divergência
  (AA)   (AA)
- está também provado pela <u>**acertada**</u> escolha que lhe fez o Governo **Geral**
  (AA)   (AA)
- e do <u>**digno**</u> chefe de polícia da Província,
  (AA)
- que a ambos de <u>**commum**</u> accordo abraõ sempre de um mesmo modo,
  (AA)
- o partido **nacional** será sustentado por muito tempo
  (AA)
- e probidade do Governo **Imperial**.
  (AA)
- O Monarcha **Brasileiro** sabe perfeitamente
  (AA)
- Não pode occupar os empregos **sociaes**,
  (AA)
- A primeira qualidade do cidadão é ser **respeitador** das leis, **probo**, e **honrado**:
  (PS)   (PS)   (PS)
- querer pois governar sem titulos taes é pretenção **redícula**, é loucura **rematada**.
  (AA)   (AA)
- todos os cidadãos **honestos**;
  (AA)
- o exclusivismo é **injusto**, e **perigoso**,
  (PS)   (PS)
- Com quem os Juises **criminaes** estarião sempre **occupados**,
  (AA)   (PS)

- há quasi uma impossibilidade bem **infeliz** de obter provas
  (AA)
- o partido **Baronista** que o responda.
  (AA)
- o partido do Baraõ tem feito á Paria nota-se huma bem **sensível**,
  (AA)

Página 4
- vem a ser a posiçaõ **miserável** em que elle pretende colocar os deputados **praieiros**.
  (AA)   (AA)
- tivesse **altas** capacidades
  (AA)
- Contar homens de **abalisados** conhecimentos,
  (AA)
- e de huma habilidade **transcendente** ainda seria **descupavel** que criticassem a Praia,
  (AA)   (PS)
- as pessoas mais **sensatas**,
  (AA)
- mas um lado **composto**,
  (AA)
- ou outra excepçaõ, de <u>perfeitos</u> idiotas, e analphabetos,
  (AA)
- foi buscar obscuridades bem **sensiveis**, e homens **ignorantissimos**,
  (AA)   (AA)
- como pode alcunhar a deputaçaõ **praieira** de **má**, e acoima-la de **ignorante**,
  (AA)   (PO)   (PO)
- Qual é o homem de tino, e **dasapaixonado** que fazendo entre
  (AA)
- as deputações do anno de 45, e a **disolvida** huma <u>ligeira</u> comparaçaõ,
  (AA)   (AA)
- Quaes eraõ os sabios, os homens **notáveis** que o Baraõ de Boa Vista
  (AA)
- ou outro quaes eraõ as **eminências** propriamente Baronistas
  (SUJ)   (AA)
- que fizeram abismar na Tribuna **nacional** o Povo **Fluminense**
  (AA)   (AA)
- que esses deputados **Baronistas** fizeraõ na Corte;
  (AA)
- Leiaõ-se os offícios e cartas **particulares**
  (AA)

- *Não pode ser là **grande** couza*
  (AA)
- *Contenha-se pois o partido dos **sábios**, não alcunhe tanto de **ignorantes**, e **inhabeis***
  (AA)   (AA)   (AA)
- *muitos membros da influencia **legítima***
  (AA)
- *E sabe que a **mor** parte d'elles,*
  (AA)
- *Os Baronistas, que são por certo os homens mais **fracos**, e menos **resignados***
  (PS)   (PS)
- *e **anciosos** esperavaõ que algum membro da influencia **legitima***
  (PS)   (AA)
- *Os homens ficarão como huns **desesperados**, e sem coragem de ver a Pátria **satisfeita***
  (PS)   (AA)
- *A influencia **legitima** cahio em **perfeito** desanimo.*
  (AA)   (AA)
- *A terra lhe seja **leve**. Pax tecum*
  (PS)

Fonte: o autor

a. A quantidade e a recorrência de adjetivos

O Praieiro não poupa adjetivos nessa sua edição – são 129 num total, que se distribuem da seguinte forma: 33 na primeira página, 26 na segunda, 30 na terceira e 36 na quarta página.

A seguir, ordenamos alfabeticamente os adjetivos, seguindo o sistema proposto para indicar a sua repetição, caso ocorra.

A
abalisados
acertada
altas
amigo
anciosos
arriscadas

B
baronista(s) – 4
bello
brasileiros – 2
bom

C
cahido
cheios
cobertos
commedido
composto
comum
conferidas
contente
conveniente
criminaes
criminosos

D
desapaixonado
descupavel
desesperados
desinteressada
digno – 2
disolvida

E
eminências
espavorido
exagerado
exemplar

F
fluminense
fracos
fragmentado

G
grande – 2
geral

H
heterogêneo
homicida
honestos
honrado

I
ignorante(s) – 2
ignorantissimos,
imperial
importantes
indispensaveis
infeliz
infernaes
inhabeis
injusto
intelligente – 2
integérrimo

L
legítima – 3
ligeira
livre

M
má
maior(es) – 3
material
melindrosas
menor – 2
miserável
mor
moral

N
nacional – 4
necessários
nova

O
occupados

P
particulares
pelintra
perfidas
perfeito(s) – 2
perigoso
pernambucana
pernambucences
phisico
políticos

povoadas
praieira – 2
praieiros – 4
precipitado
precisos
privado
probo, probo
provincial

R
recto
redícula
relevante
rematada
resignados
respeitador

S

sábios
salva
satisfeito/a – 2
sensatas/os – 2
sensível (eis) – 2
sério
sociaes

T
terrivel
transcendente

U
unida

V
vitaes

Os adjetivos que mais se repetiram foram: *Baronista* e *praieiros*, que apareceram quatro vezes cada. Em segundo lugar, com três ocorrências cada, aparecem: *legítima* e *maior*; com duas ocorrências, temos: *brasileiro, digno, grande, ignorante, inteligente, perfeito, praieira, satisfeito, sensato e sensível*. Todos os outros adjetivos listados foram empregados apenas uma vez no texto.

b. A posição e a função sintática dos adjetivos nas orações

Na Língua Portuguesa, conforme indicam os linguistas apresentados anteriormente, os adjetivos, em geral, encontram-se pospostos aos termos que qualificam, justamente o que ocorreu no exemplar do pasquim ora analisado.

Dos 129 adjetivos identificados, depois da exclusão de alguns adjetivos (cf. p. 55), temos um total de 113 adjetivos dos quais apenas 20 (18%) ocorreram antepostos ao núcleo, quais sejam: *acertada, bom, bello, comum, eminência, exagerado, grande, importante, maior (mor), menor, nova, perfeito, pérfida e relevante*. Todos os outros 93 adjetivos (82%) estão pospostos.

Gráfico 1 – Localização dos adjetivos

Localização dos adjetivos em *O Praieiro*

- 18% antepostos
- 82% pospostos

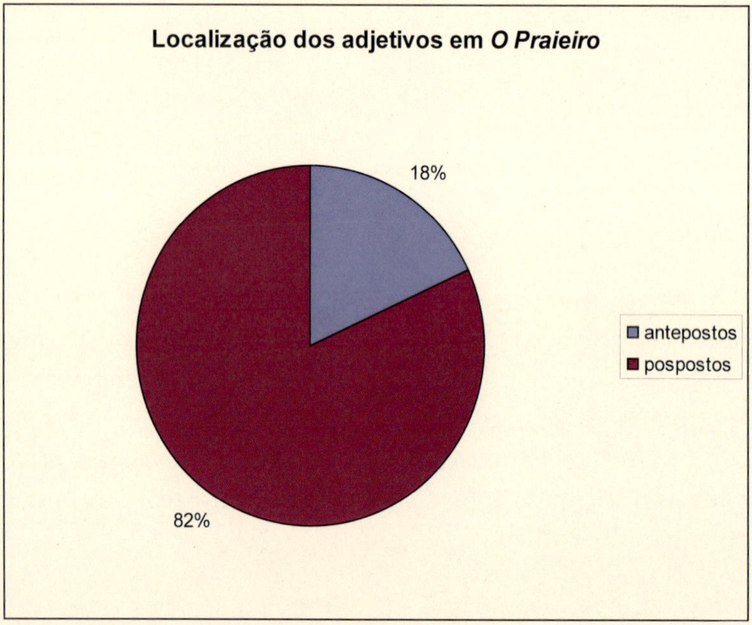

Fonte: Pesquisa direta – 2010

Observando a sistematização proposta por Neves (2000), quanto à função textual de *qualificar* ou de *classificar (subcategorizar)* exercida pelos adjetivos, a primeira se faz presente em maior escala que a segunda função. Num total de 129 adjetivos, aqueles que foram identificados como qualificadores apresentam o número de 97, ou seja, 75%. Abaixo, apresento alguns exemplos ilustrativos:

Qualificadores:

Aquelles, a quem o **exagerado** *espírito de partido não* (pág. 1)
mas os homens **sensatos** (pág. 2)
A terra lhe seja **leve**. *Pax tecum* (pág. 4)

Os adjetivos que, por sua vez, assumem a função de classificadores (subcategorizadores) são minoria, pois foram identificados apenas 32 do total, perfazendo 25%. Mais uma vez, alguns exemplos ilustrativos:

Classificadores:

a deputação **praieira** *portou-se sempre* (pág. 1)
o governo **provincial** *que tão sabia* (pág. 2)
que fizeram abismar na Tribuna **nacional** *o Povo* **Fluminense** (pág. 3)

Com maior frequência, o adjetivo atua muito mais como um qualificador do que como um classificador. Isso ocorre pelo fato de ser por meio dos *qualificadores* que as opiniões são estruturadas. Se observarmos, os classificadores, eles apenas designam papéis já inerentes ao termo classificado. Já os qualificadores apresentam opiniões pessoais aos termos qualificados.

No que diz respeito às funções sintáticas exercidas pelos adjetivos no pasquim *O Praieiro*, a presença dos seguintes termos da oração: *adjunto adnominal, predicativo do sujeito, predicativo do objeto* e *sujeito*, conforme podemos ver na tabela abaixo.

Tabela 1 - Função sintática dos adjetivos no pasquim *O Praieiro*

Função sintática	Quantidade	Porcentagem
Sujeito	1	1%
Predicativo do sujeito	15	12%
Objeto indireto	-	-
Objeto direto	-	-
Predicativo do objeto	7	5%
Adjunto adnominal	106	82%
Adjunto adverbial	-	-
Aposto	-	-
Vocativo	-	-
TOTAL	129	100%

Fonte: o autor

A função sintática de *adjunto adnominal* exercida pelo adjetivo é, por excelência, aquela mais recorrente. Essa função compreende um termo acessório da oração, segundo a classificação das gramáticas tradicionais. Ao que nos parece, o adjetivo pode assumir o papel de um termo de apoio, ou seja, secundário na perspectiva sintática, mas também é central no que lhe compete a função de predicar, tornando-se um elemento argumentador.

c. O universo semântico

Tomando por base os Centros de Interesse (CI) propostos por Biderman (1996), são identificados os seguintes: *vida política, relações de trabalho, problemas econômicos de caráter coletivo,* e *meios de informação*. Isso pôde ser percebido, pois o tema do artigo presente em toda a extensão do pasquim *O Praieiro* é: "A dignidade e honestidade dos deputados que estão ligados ao Partido da Praieira (republicanos liberais) em oposição aos demais deputados conservadores".

Os referidos campos semânticos conduziram o autor do periódico em questão a empregar adjetivos condizentes às intenções pretendidas: quer fosse de perfil positivo ao se referir aos praieiros, ou de cunho negativo, ao se referir aos seus adversários, como pode-se ver no quadro abaixo:

Quadro 3 - Seleção de adjetivos em *O Praieiro*

Os deputados praieiros	Os deputados conservadores
Exemplar	*Cahido*
Importantes	*analphabeto*
unida	*pelintra*
commedido	*fragmentado*
amigo	*criminosos*
probo	*infernaes*
inteligente	*perfidas*
sensatos	*terrível*
indispensaveis	*redícula*
acertada	*injusto*
	perigoso

Fonte: o autor

Observe que a seleção lexical não ocorre sem motivos pontuais. Relembrando aquilo que já tratei no capítulo terceiro, o êxito da escrita pressupõe a habilidade de saber selecionar bem as palavras a serem empregadas num texto.

d. A atualidade dos adjetivos

Os adjetivos utilizados no texto do pasquim *O Praieiro* são de bastante atualidade, já que não encontrei qualquer adjetivo cuja acepção seja desconhecida em nossos dias, e cujo uso seja obsoleto. É de observar, no entanto, que a grafia de alguns vocábulos passou por processos de modificação, já que, no período analisado, não havia nenhuma preocupação convencionada para com a ortografia, que era baseada nos aspectos pseudo-etimológicos. Abaixo, apresento alguns exemplos ilustrativos:

Diferenças quanto à grafia do plural terminado em ditongo:

- *dos negócios* **vitaes**
- *prazeres criminosos e* **infernaes!**
- *os empregos* **sociaes**
- *os Juises* **criminaes**

Diferenças quanto à grafia: uso do 'h' mudo; do *ph* com valor de 'f'; letras duplicadas; etc.:

- *deputados do Barão* **cahido**,
- *para quanto* **analphabeto** *e* **pelintra**
- *mais* **commedido**
- *o melhoramento* **phisico**, *e* **moral** *da província*
- *um Presidente* **recto**, *e* **intelligente**
- *pretenção* **redícula**
- *e a* **disolvida**

Ausência de acentuação gráfica:

- *façaõ n'ellas **perfidas** emboscadas*
- *o principio **terrivel** do roubo*
- *consagra como **indispensaveis***

Emprego atípico de sufixos para formação de adjetivos pátrios:

- *plagas **Pernambucences***

4.2 – A VOZ DO BRASIL

O segundo pasquim analisado é *A Voz do Brasil*, um periódico nacionalista, que apresentava o mesmo formato convencional da época, 22cm x 16cm. Dispunha de 4 (quatro) laudas subdivididas em duas colunas cada (NASCIMENTO, 1967). Era confeccionado na Tipografia Liberal, sita à rua das Águas Verdes, nº 48, que era dirigida por F. B. Mendes.

Seu editor era Inácio Bento de Loiola, um brasileiro defensor da liberdade de seu país, que ainda vivia sob o julgo português. Esse periódico era publicado duas vezes por semana, e trazia os seguintes dizeres em sua divisa: "*Não tenhas, minha musa, mêdo dêles, vai batendo de rijo, fogo nêles*", que transparecia sua insatisfação em relação à influência estrangeira sobre o Brasil. Desta forma, tinha a ideia fixa de que era necessário que surgissem periódicos verdadeiramente patrióticos, deixando de lado a indecorosa imprensa lusitana (NASCIMENTO, 1967).

Inácio B. de Loiola era um ufanista e xenófobo exaltado, essa característica lhe rendeu perseguição e prisão nefastas. Mesmo sem o apoio para sua publicação, continuou firme em seu propósito de "colaborar" com o Brasil nesta missão por meio da imprensa. Em abril de 1848, passou a apresentar o formato de 31cm x 21cm, até o dia 09 de janeiro de 1849, quando teve o seu último número publicado.

Quadro 4: A Voz do Brasil

Página 1
- Representantes para a **nova** legislatura,
  (AA)
- renascem as esperanças dos **brasileiros**, d'estes **Americanos** que em 26 annos
  (AA)   (SUJ)
- feito em penharem-se em lutas **fratecidas**
  (AA)
- Donde só tem provindo males **inmensos**
  (AA)
- a gora que tantos annos de **dolorosa** expriencia
  (AA)
- e que a **Devina** Providência, **conduida** de tanto soffrer
  (AA)   (AA)
- ee tem se amerciado dos **brasileiros** memozeando-os com uma paz **geral**,
  (AA)   (AA)
- he dever do escriptor **livre** concorrer com o seo contingente
  (AA)
- já sobre a causa dos males **publicos**,
  (AA)
- **Novo** como he o brasil,
  (PS)
- tanto mais **embaraçosa**, quanto suas forças
  (PS)
- por isso mesmo **fracas** não lhes permitem **fortes** trabalhos
  (PS)   (AA)
- por muitas circunstancias **externas**.
  (AA)
- conservando-se-nos em uma ignorancia quase **selvagem**,
  (AA)
- Apenas sabíamos uma rotina **grosseira** e **miseravel**
  (AA)   (AA)
- Foi isso causa de ficar-mos em tudo **inferiores** aos paizes **extrageiros**,
  (PS)   (AA)
- que gosando de uma civilisação **perfeita**
  (AA)

Página 2
- Temos he verdade uma riqueza **natural**, temos <u>ricas</u> matas, <u>vastos</u> e <u>mansos</u> portos
  (AA)   (AA)   (AA)   (AA)
- faltaõ outros meios para dar o <u>**devido**</u> desemvolvimento a riqueza **natural**?
  (AA)   (AA)
- produtos perfeitamente **trabalhados** para offerecer-mos em troca do **estrangeiro**?
  (AA)   (AA)
- Tudo pois, como dissemos, é **novo**,
  (PS)
- Como naõ é **custoso** a os **brasileiros** acharem um meio de subsestencia?
  (PS)   (SUJ)
- exforçaõ-se os poucos negociantes **brasileiros**
  (AA)
- elles naõ podem alar **Faltos** de dinheiro
  (AA)
- eilos ahi **sugeitos** a lei do imprestador **estrangeiro**,
  (PS)   (AA)
- que por via de regras são os **portugueses**.
  (PS)
- não recebem por serem guardas **nacionaes** &.
  (AA)
- he o escólio de todas as deligencias dos **brasileiros**.
  (AA)
- de modo que percorrendo-se a escalla dos meios **devida** só fica ao **brasileiro**
  (AA)   (OI)
o **mesquinho** recurso dos empregos **publicos**, ou a <u>**aspera**</u> vida de soldado!
  (AA)   (AA)   (AA)
- Appelamos por tanto para o patriotismo dos **brasileiros**,
  (AA)
- e he o próprio **estrangeiro**, quem tudo occupa
  (SUJ)
- Vós **brasileiros**, uni-vos, comprai só a **brasileiros**
  (AP)   (OI)
- com essas mercadorias que os **estrangeiros** nos mandão,
  (SUJ)
- os nossos artistas que naõ são menos **habeis** que os **estrangeiros**
  (PS)   (SUJ)
- que empleno dia praticaõ esses **portuguezes** verdadeiramente aves de rapina;
  (SUJ)

- e mesmo os contra-bandos que esses **judeos** fazem no cães da alfândega
  (SUJ)
- diremos **cheios** de dor
  (PS)
- somos um povo **regenerado**, e **constituido**,
  (AA)   (AA)
- que polluiaõ os manjares dos **Troyanos** a fim de arredar-nos do mais <u>**pequeno**</u> e
  (AA)   (AA)
<u>**insignificante**</u> negocio com a <u>**maior**</u> guerra,
  (AA)   (AA)

Página 3
- d'esse commercio **exclusivo**
  (AA)
- por elles vendidos por <u>**altissimo**</u> preço, sendo comprado por mui **baixo**,
  (AA)   (AA)
- os armasens de carne **secca** da Rua da praia
  (AA)
- onde vaõ ter os <u>**miseros**</u> **matutos**
  (AA)   (SUJ)
- oh! Meu Deos, que ladroreira naõ praticaõ esses **deshumanos**!
  (SUJ)
- vendem-nos sempre a carne mais **pôdre**, e por um preço **enorme**;
  (AA)   (AA)
- Por que já estamos **concertados** em coluio
  (PS)
- Os donos d'ellas que também são **portuguezes**:
  (PS)
- vereis nesses armasens as trocas de sedulas **falsas** por sedulas **boas**
  (AA)   (AA)
- vereis a <u>**maior**</u> ladroeira,
  (AA)
- elles vendem a carne toda **molhada** para pezar bem e parecer **nova** e **gorda**,
  (AA)   (PS)   (PS)
- e que bofetadas de sello naõ prespegaõ esses **malevolos** em nossos **patricios**
  (SUJ)   (OI)
matutos para obriga-los á receber essa carne, assim **immunda**,
  (AA)   (AA)
- essas sedulas **falsas**,
  (AA)
- Observai que sendo este gênero um dos mais <u>**ricos**</u> ramos de commercio
  (AA)

O USO DOS ADJETIVOS EM PASQUINS

- naõ ha um **brasileiro**, que tenha a ousadia de se estabelecer nelle,
  (SUJ)
- pena de sair da Rua da praia **pobre**, **arrastrado** e desfeitiando como já tem acontecido
  (AA)   (AA)
- todo este **importante** ramo de commercio
  (AA)
- sendo outróra de **brasileiros pobres**, hoje pertence todo a os **portuguezes**, que ahi
  (AA)   (AA)   (OI)
  exercem a mais **escandalosa** ladroeira:
  (AA)
- naõ praticaõ esses **interesseiros** com as **miseraveis prêtas**, **captivas**,
  (SUJ)   (AA)   (AAdv)   (AA)
- por que naõ levaram o pêzo **certo**!
  (AA)
- Vêde a gora a **maior** das lástimas!
  (AA)
- Vede como estaõ todas as lojas desta cidade **a pinhadas**,
  (PS)
- com preterição dos nossos **patrícios**, de marmanjos **saltados** de hontem eja mui bem
  (AA)   (AA)
  vestidos, **engomados**, **penteados** e **enfeitados** de **ricas** joias,
  (AA)   (AA)   (AA)   (AA)   (AA)
- ao passo, que vimos os **brasileiros esmirrados** da pobreza, **maltrajados**,
  (OD)   (AA)   (AA)
- pela vida **ociosa** que passaõ
  (AA)
- a detratarem athe das famílias **capazes**:
  (AA)
  vede também oque esses mercúrios fasem com os **matutos**,
  (AAdv)
- inpingem-lhes a fasenda **ordinaria**, e mal medida,
  (AA)
  as peças de pano **capadas** por dentro com 4 varas ou covados de menos
  (AA)
- Volvei a gora as vistas para toda esta cidade nos dias **festivos**,
  (AA)
- e vereis essa falange deaventureiros **montados** em **gordos** cavallos, ou **encarapitados**
  (AA)   (AA)   (AA)
  em **ricos** carros
  (AA)

91

Página 4
- os lugares mais **povoados**
  (AA)
- compramos por **alto** preço
  (AA)
- só com ofim de requestarem nossas **patrícias**,
  (OD)
- corromperem as mais **desvalidas** com o nosso mesmo ouro
  (AA)
- tem nos enchido a terra e obrasil inteiro de sedulas **falsas**,
  (AA)
- e como ficaõ da noite para o dia **ricos**
  (AA)
- para levanterem **altos** palacios de gosto **esquisito**
  (AA)   (AA)
- e quando a cabaõ de faser esses **ricos** alpendres,
  (AA)
- assistir a um **pomposo** baile ou festim
  (AA)
- nós **brazileiros** soffremos, ou por uma **grossa** sôma,
  (AP)   (AA)
- Esses homens **desalmados**, e esses entes **corrumpidos** e **engratos** naõ cessaõ
  (AA)   (AA)   (AA)
de nos dividir por meio de **sórdidas** e de **surdas** intrigas
  (AA)   (AA)
- os **brasileiros** de outróra hum povo **unido**, hum povo todo **patriotico**, hoje se acha
  (SUJ)   (PS)   (PS)
devidido por dissenções **políticas**
(PS)   (AA)
- naõ havendo no brasil 6 familias bem **unidas**
  (AA)
- as familias **brasileiras** se veem **sucumbidas**, **pobres aterradas**, e sem a quelle **antigo**
  (AA)   (AA)   (AA)   (AA)   (AA)
prestigio de honra e de probidade;
- elles [...] estão **riquissimos**, e a **cumulados** de distinções e honras **brasileiras**
  (PS)   (PS)   (AA)
- Esses homens **astutos**,
  (AA)
- Atterrar um povo **generoso**
  (AA)

- os **brasileiros ricos** e **influentes** por suas capacidades **phisicas** e **morais**
  (SUJ)   (AA)   (AA)   (AA)   (AA)
- por meio de assuciações **commerciaes**
                              (AA)
- por meio de insinuações **fingidas**
                              (AA)
- se se naõ unissem com os **estrangeiros**,
                               (OI)
- gente **industriosa**, e sempre amante da ordem
           (AA)
- os nosso **patricios** de fortuna, e prestigio **unidos** a esses <u>**infensos**</u> inimigos,
               (OD)   (AA)   (AA)
- perseguiçaõ deste <u>**infeliz**</u> povo
                        (AA)
- porem a severamos a **indissoluvel** liga, q' ha entre estes e aquelles.
                           (AA)
- em linguagem se naõ **deferente** a menos <u>**modificada**</u>
                          (AA)   (AA)
- declaramos porem que estamos **firmes** no nosso propósito
                                   (PS)

Fonte: o autor

a. **A quantidade e a recorrência de adjetivos;**

Entre os pasquins analisados, A voz do Brasil foi a que mais apresentou adjetivos, num total há 170, distribuídos em 23 na primeira página, 39 na segunda, 58 na terceira e 50 na quarta página.

Todos os adjetivos se encontram listados abaixo, seguindo a mesma estratégia de numeração.

A
altíssimo
alto(s) – 2
americanos
antigo
a pinhadas
arrastrado
áspera
astutos
aterradas

B
baixo
boas
brasileiro/a(s) – 17

C
capadas
capazes
captivas
certo
cheios
commerciaes
concertados
conduida
constituido
corrumpidos

cumulados
custoso

D
deferente
desalmados
deshumanos
desvalidas
devido, devida
devina
dividido
dolorosa

E
embaraçosa
encarapitados
enfeitados
engomados
engratos
enorme
escandalosa
esmirrados
esquisito
estrangeiro(s) – 7
exclusivo
externas

F
falsas – 3
faltos
festivos
fingidas
firmes
fortes
fracas
freatecidas

G
generoso
geral
gorda/os – 2
grosseira
grossa

H
hábeis

I
immunda
importante
indissoluvel
industriosa
infeliz
infensos

inferiores
influentes
inmensos
insignificante

J
judeos

L
livre

M
maior - 3
malévolos
maltrajados
mansos
matutos - 3
mesquinho
miserável(eis) - 2
míseros
modificada
molhada
montados
morais

N
nacionaes
naturall
novo/a - 4

O
ociosa
ordinária

P
patriotico
patrícios/as - 4
penteados
pequeno
perfeita
phisicas
pobre(s) - 3
podre
politicas
pomposo
portuguezes - 4
povoados
publicos - 2
prêtas

R
regenerado
ricos/as - 7
riquíssimos

S
saltados
secca
selvagem
sórdidas
sucumbidas
sugeitos
surdas

T
trabalhados
Troyanos

U
Unido/a(s) - 3

V
vastos
vestidos

Destaco a notável repetição do adjetivo 'brasileiro', que apareceu 17 vezes. Tudo leva a crer que esse fato se deve ao tom patriótico e, ao mesmo tempo, Lusófobo desse periódico. Outros adjetivos também bastante presentes são: *estrangeiros* e *ricos* (07 vezes); *novo, patrícios, portuguezes* (04 vezes); *falsa, maior, matuto, pobres, unido* (03 vezes); e com duas repetições cada: *alto, gordo, miseravel e publico*.

É interessante observar que há um ataque veemente aos portugueses, uma vez que estes, no período de publicação deste jornal, ainda detinham grande poder financeiro e político no Brasil. Por isso, a notável quantidade dos adjetivos *brasileiro* x *estrangeiros* (ou *portugueses*).

b. **A posição e a função sintática dos adjetivos nas orações**

A posposição é o fenômeno mais recorrente também neste pasquim. Dos 170 encontrados, seguindo a mesma estratégia de exclusão (cf. p. 55), isolamos 131, dos quais 32 estão antepostos (25%), enquanto 99 estão pospostos (75%).

Gráfico 2 – Localização adjetivos

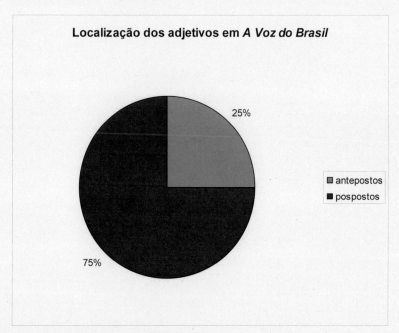

Fonte: Pesquisa direta – 2010

Mais uma vez, percebe-se que a posposição já era a forma mais empregada dos adjetivos em textos de Língua Portuguesa no séc. XIX.

Quanto ao critério de qualificação ou de classificação (*subcategorização*) proposto por Neves (2000), a primeira se faz mais presente. Num total geral de 170 adjetivos, 130 (76%) mostraram-se qualificadores, enquanto os outros 40 (24%) mostraram-se classificadores. A seguir, constam os dados ilustrativos com exemplos apresentados, respectivamente.

Qualificadores:

Representantes para a **nova** legislatura,	(pág. 1)
temos **ricas** matas, **vastos** e **mansos** portos	(pág. 2)
por elles vendidos por **altissimo** preço,	(pág. 3)
compramos por **alto** preço	(pág. 4)

Classificadores:

já sobre a causa dos males **publicos**,	(pág. 1)
dar o<u>devido</u> desemvolvimento a riqueza **natural**?	(pág. 2)
Volvei a gora as vistas para toda esta cidade nos dias **festivos**,	(pág. 3)
devidido por dissenções **políticas**	(pág. 4)

Esse fato assemelhou-se ao primeiro pasquim analisado *O Praieiro*. Tudo leva a crer que a qualificação é a função textual por excelência do adjetivo. Outro paralelo percebido entre *A Voz do Brasil* e *O Praieiro* foi a grande quantidade de adjuntos adnominais, em detrimento das outras funções sintáticas exercidas pelo adjetivo.

Tabela 2 - Função sintática dos adjetivos no pasquim *A Voz do Brasil*

Função sintática	Quantidade	Porcentagem
Sujeito	14	7%
Predicativo do sujeito	21	12%
Objeto indireto	05	3%
Objeto direto	03	2%
Predicativo do objeto	-	-

Adjunto adnominal	124	73%
Adjunto adverbial	1	1,2%
Aposto	2	1,8%
Vocativo	-	-
TOTAL	170	100%

Fonte: o autor

c. O universo semântico

A *Voz do Brasil*, no número analisado, trata do seguinte assunto: "a necessidade do surgimento de um sentimento patriótico no brasileiro, a fim de abalar a hegemonia do português (estrangeiro) no Brasil". A isso se deve o fato de os adjetivos *brasileiro x estrangeiro* (ou portugueses) aparecerem tantas vezes no texto, como já mencionamos.

O tom irônico e crítico que se levanta contra o colonizador faz do texto uma arma bastante incisiva com um simples objetivo: expulsar o dominador e devolver ao povo pobre e explorado a posse que lhe é de direito. Os Centros de Interesses identificados neste periódico foram: *refeições, alimentos e bebidas; a cidade; aldeia e trabalhos do campo; casas comerciais; profissões e ofícios; vida política; relações de trabalho,* e *problemas econômicos de caráter coletivo*.

O quadro a seguir sistematiza os adjetivos empregados para se referir aos *brasileiros* e aos *portugueses*. É interessante observar que o uso dos adjetivos é fruto de uma escolha bastante tendenciosa, construindo uma imagem por meio das qualidades atribuídas pelos adjetivos empregados a cada um dos termos, neste caso, *brasileiros* e *portugueses*.

Quadro 5 - Seleção 1 dos adjetivos em *A Voz do Brasil*

Os Brasileiros	Os Portugueses
Novo	*Judeos*
Hábeis	*Deshumanos*
Regenerado	*Malévolos*
Constituído	*Escandalosa*
Unido	*Interesseiros*
Patriótico	*Desalmados*
Firmes	*Corrumpidos*
	Engratos
	Astutos
	Fingidas
	Infensos

Fonte: o autor

Outra estratégia utilizada pelo autor é de atribuir adjetivos aos mesmos *brasileiros* x *portugueses*, fazendo com que surja um sentimento de pena dos primeiros, dada a sua mísera condição de explorado, bem como um sentimento de raiva para com os outros, uma vez que gozam de privilégios e boas condições. Os adjetivos no próximo quadro figuram isso.

Quadro 6 - Seleção 2 de adjetivos em *A Voz do Brasil*

Os Brasileiros *(os desvalidos)*	Os Portugueses *(os bonachões)*
- uma rotina **grosseira** e **miserável** - em tudo **inferiores** aos paizes **extrageiros**, - diremos **cheios** de dor - onde vaõ ter os **miseros matutos** - sendo [...] de **brasileiros pobres**, - as **miseraveis prêtas, captivas**, - os **brasileiros esmirrados** da pobreza, **maltrajados**, - elles [...] estão **riquissimos**, e a **cumulados** de distinções - perseguiçaõ deste **infeliz** povo	- mui bem **vestidos, engomados, penteados** e **enfeitados** de **ricas** joias, - de aventureiros **montados** em **gordos** cavallos, ou **encarapitados** em **ricos** carros - compramos por **alto** preço - para levanterem **altos** palácios - esses **ricos** alpendres, - elles [...] estão **riquissimos**, e a **cumulados** de distinções e honras

Fonte: o autor

d. A atualidade dos adjetivos

Não foram encontrados adjetivos em *A Voz do Brasil* que não pudessem ser empregados em textos atuais. Todos os adjetivos analisados preservam a carga semântica como hoje são ainda utilizados. São facilmente identificados em textos do cotidiano termos como: dolorosa, embaraçosa, vastos, mansos, custosos, interesseiros, ásperos, míseros etc., excetuando o adjetivo *esmirrados* (exausto, esgotado, carcomido), que parece ser um tanto atípico na atualidade.

A grafia, porém, de algumas palavras não apresenta semelhante roupagem segundo as regras de ortografia vigentes no português. Esse fato já era de se esperar uma vez que, como já dissemos, o período analisado se baseava na psedo-etimologia. Alguns exemplos desse fenômeno com os itens abaixo transcritos do texto:

Diferenças quanto à grafia:
*males **inmensos**,*
*que a **Devina** Providência*
*ahi **sugeitos** a lei*
*esses **portuguezes** verdadeiramente*
*dos **Troyanos** a fim*

Ausência de acentuação gráfica:
*e que a Devina Providência, **conduida** de tanto soffrer*
*já sobre a causa dos males **publicos**,*
*Apenas sabíamos uma rotina grosseira e **miserável***

Emprego de letras duplicadas:
*carne **secca** da Rua da praia*
*de assuciações **commerciaes***

Oscilação na grafia de certos fonemas:
*aos paizes **extrageiros**, imprestador **estrangeiro***

Problemas tipográficos:
*para dar o**devido** desemvolvimento*
*da Rua da praia pobre, **arrastrado** e desfeitiando como já tem acontecido*

4.3 – O FOGUETE

O terceiro pasquim analisado é *O Foguete*, um periódico de vida bastante breve. Surgido em 19 de maio de 1845, findado em 09 de setembro do mesmo ano (NASCIMENTO, 1967). Tinha por divisa: *"O entendimento, que as verdades abre, moteja a fama de patranhas mestras."*. Seu caráter justiceiro atacava os autores da situação política injusta por que passava a província pernambucana. Entretanto, depois do apoio recebido pelo vice-presidente desta província, passou a atacar os grupos minoritários (os praieiros). Seu formato gráfico tinha medidas que se igualavam aos demais periódicos da época: 22cm x 16cm, mas difere-se dos demais no que diz respeito à diversidade de textos presentes, já que se organiza numa única coluna.

A seguir, apresentamos os trechos transcritos do referido pasquim.

Quadro-sinóptico 7: O Foguete

Página 1
• quando **engolfados** todos no enleio de uma política **refalsada** e **traiçoeira** se
(PS)   (AA)   (AA)
entregam a um prazer **abandonador**,
(AA)
• quando n'esse laberinto **inextricavel** de reações deixam seu **melhor** futuro,
(AA)   (AA)
• comprazendo-se comente de **momentâneas** vingansas;
(AA)
• sugeitando-se a todas as condições **governativas**
(AA)
• é bem que nós outros, **descridos** e sem fé
(PS)
• provoquemos o sentimento **nacional**
(AA)
• afim de sentir a pozição **falsa** em que nos axamos
(AA)
• **procedente** d'essa politica de rutina e **especial**,
(PO)   (PO)
• e basta um coração **perdido** a patria, um genio **avesso** a umanidade,
(AA)   (AA)
Páginum animo **frio** e **estragador**
(AA)   (AA)
• que se combatem com jus **excluzivo** cada um de ordeiro
(AA)

- *porque ele está **rezolvido** a festejar*
  (PS)
- *como se o tem consentido de tempos **imemoriaes**.*
  (AA)
- *Redempsão do genero **umano** por Nosso Senhor*
  (AA)
- *dá por testemunha a todos os **ilustres** varões, que em periodos **regulares***
  (AA)   (AA)

Página 2
- *as festansas quer **religiosas**, quer **políticas**,*
  (AA)   (AA)
- *ficando ao **gualdido** povo a notícia de toda essa traquinada*
  (AA)
- *Dizem os omens de palavras **gordas** para vos deslumbrarem*
  (AA)
- *aprezentar-me em papel, e papel **solto**;*
  (AA)
- *taboca é couza do tempo do rei **velho***
  (AA)
- *está significando couza muito **má**, bem que **verdadeira** e **expressiva***
  (AA)   (AA)   (AA)
- *Nunca se viu um paiz **novo**, como o nosso, tão **abundante** de recursos **naturaes**,*
  (AA)   (AA)   (AA)
- *o pauperismo **elevado** a tanto*
  (AA)
- *Bem vedes que um governo **facsioso** e **estrangeiro** é a cauza de tudo;*
  (AA)   (AA)
- *mas deixemos isso para o tempo **competente***
  (AA)
- *reconhecaes meu direito por titulo **legitimo** e **moderno***
  (AA)   (AA)
- *Fizestes vossa **nominal** independensia; bem, ahi vim eu por ordem **ministerial***
  (AA)   (AA)
- *"amor da **glorioza** [independência] que ele gritou nos campos do **ermo** Ipyranga,*
  (AA)   (AA)
- *a qual "ha-de ser indefectivelmente em prol dos **gloriozos patrícios**."*
  (AA)   (AA)
- *Depois a dissolução da **constituinte**,*
  (AA)

O USO DOS ADJETIVOS EM PASQUINS

- *a carnificina que a comissão **militar** aqui fez, por ordem do **magnânimo**,*
      (AA)   (AA)
- *Apareceu a Constituição, essa prenda **imposta** pelo **soberano** canhaõ,*
          (AA)   (AA)
- *a constituição mais **liberal** que se tem visto no mundo*
        (AA)
- *a abilidade de fazer **brazileiros** aos nascidos na terra*
        (PO)
- *Seguiu-se o reconhecimento da **alcunhada** independencia,*
         (AA)
- *o **augusto** avô de S.M., de **saudoza** memoria, se dignou conseder-nos a liberdade*
   (AA)   (AA)
- *"S.M., meu **bom** amo, ordena que se festeje o reconhesimento da independensia*
     (AA)
- *que se dignou fazer o seu **soberano** pai",*
        (AA)
- *Depois veio a instalaçaõ da assemblea **legislativa** em 1826,*
          (AA)

Página 3
- *Entaõ os **velhacos**, que se apropriaram d'essa **grande** e **jeneroza** revolução*
     (SUJ)   (AA)   (AA)
- *Veio o **facsiozo** e **perturbador** 20 de julho (é facto **consumado** snr. foguete),*
    (AA)   (AA)   (AA)
- *veio o **calamitozo** 23 de marso*
     (AA)
- *porq' os **atrevidos** entraram a [...] anexim **popular** – o **pateta** das luminárias.*
      (AA)   (AA)   (AP)
- *E como saõ muito **odiozas** naõ se querem reconsiliar.*
        (PS)
- *Ora, pois que eu sou na politica **brazileira**, **passada**, **prezente**, e **futura** um elemento **essensial**,*
         (AA) (AA) (AA)   (AA)   (AA)
- *e eis a **forte** razão, que me forsa a também*
     (AA)
- *que me forsa a andar no mundo com entidade **politica**.*
         (AA)
- *Todos os dias nós vemos páos de laranjeiras **alvorados** em fidalgotes.*
          (AA)
- *e decidindo ex cathedra dos negocios mais **graves** do Estado;*
        (AA)

- **alvorados** em estadistas uns melquetrefes.
  (PS)
- Eu sou efeito de uma cauza que vós, **brazileiros**, naõ tendes querido descortinar;
  (VOC)
- **Acostumados** a considerardes as couzas de **maior** importansia
  (PS)　　　　　　　　　　　　　　　　　　　　(AA)
- q' a minha custa vos estejam meia dúzia de **espertalhões** bigodeando,
  (AA)
- os omens, na ordem **social**, só [...] como instrumentos **passivos** do **soberano**,
  (AA)　　　　　　　　　　　　　(AA)　　　　　(AA)
- Pelo que, **provado** como tenho meu direito a acsaõ **proposta**, espero que m'a receba
  (AA)　　　　　　　　　　　　　　　　(AA)
- e que afinal julgando-se **provada** a **mensionada** acsaõ
  　　　　　　　　　　　(PO)　　　(AA)
- Pede recebimento e cumprimento de justiça, protestos **necessarios**, e custas.
  　　　　　　　　　　　　　　　　　　　　　　　(AA)
- Requeiro que assine a parte **contraria** dois termos **improrogaveis** para contrariar
  　　　　　　　　　　　　　(AA)　　　　　　　(AA)
- Por meu **constituinte** o Foguete
  　　　　　(AA)

Página 4
- Credo **político** do foguete.
  　　　　(AA)
- Crêo no pôvo **unico poderozo**.
  　　　　　　(AA)　(AA)
- Crêo no congresso **constituinte** <u>unico</u> filho seu.
  　　　　　　　　　　(AA)　　(AA)
- que foi consebido pela sivilização **americana**, o qual nasceu o voto **nacional**.
  　　　　　　　　　　　　　　　　(AA)　　　　　　　　　　　　　(AA)
- subindo depois ao seu **primitivo** estado
  　　　　　　　　　　　(AA)
- ao lado do povo, **unico poderoso**, onde um dia ha-de vir a julgar aos **aulicos** e **traidores**;
  　　　　　　　　(AA)　(AA)　　　　　　　　　　　　　　　　　(OD)　　(OD)
- crêo [...] na **brazileira** nação, que deve ser somente dos **brazileiros**;
  　　　　　　(AA)　　　　　　　　　　　　　　　　　　(AA)
- E na vida **eterna** da liberdade. Amem.
  　　　　　(AA)
- Declaro **alto** e <u>**bom**</u> som que estou **pronto** a aliar-me com qualquer **americano**
  　　　　(AA)　(AA)　　　　　　　　　　(AA)　　　　　　　　　　　　　　(AAdv)

- ajudar na **nobre** impreza de preparar lhe o caminho
  (AA)
- descer a este **mizeravel** mundo **brasileiro**.
  (AA)   (AA)
- quanto ambiciono ver em um so acordo a familia **brazileira** !
  (AA)
- segundo aquela **gatimoniosa** mulher;
  (AA)
- e logo me fez taõ **más novas** suas,
  (AA) (AA)
- Fique vm. Pois **serto** que foguetes naô prestam,
  (PS)
- todas as obras **políticas**
  (AA)
- são [...] de **facil** ardimento.
  (AA)
- tanta palhoça, que por ahi há sem **grave** damno dos seus desfrutadores?
  (AA)
- Isto é uma imprudensia **consumada**
  (AA)
- No que temos previlegio **excluzivo** n'este mundo **brazileiro**, já mais consentiremos
  (AA)   (AA)
- que vm., e outros taes, nos tirem a **santa** xuxadeira,
  (AA)
- pois e esta a **orrivel** legenda de nosso sistema moral.
  (AA)

Fonte: o autor

a. A quantidade e a recorrência de adjetivos

O Foguete traz em seus textos 131 adjetivos, sendo distribuídos da seguinte maneira: na primeira página, 23; na segunda, 37 (trinta); na terceira, 36; e na última, 35. Um número bastante próximo dos outros pasquins analisados, mas sem muitas repetições.

Abaixo, são elencados os adjetivos encontrados no pasquim, fazendo uso da mesma estratégia de quantificação, como nas listas anteriores:

A
abandonador
abundante
Acostumados
Alcunhada
Alto
Alvorados – 2
americano/a – 2
atrevidos
augusto
aulicos
avesso

B
bom – 2
brazileiro/a(s) – 8

C
calamitozo
competente
contraria
constituinte – 3
consumado/a – 2

D
descridos

E
elevado
engolfados
ermo
especial
espertalhões
essensial
estragador
estrangeiro
eterna
excluzivo – 2
expressiva

F
facsiozo – 2
facil
falsa
forte
frio
futura

G
gatimoniosa
glorioza/os – 2
gordas
governativas
gualdido

grande
grave

I
ilustres
imemoriaes
imposta
improrogaveis
inextricavel

J
jeneroza

L
legislativa
legitimo
liberal

M
má
magnânimo
maior
más
melhor
mensionada
militar
ministerial

mizeravel
moderno
momentâneas

N
Nacional – 2
naturaes
necessarios
nobre
nominal
novo/as

O
odiozas
orrivel

P
passada
passivos
pateta

patricios
perdido
perturbador
poderozo - 2
político/a(s) – 2
popular
prezente
primitivo
procedente
pronto
proposta
provado – 2

R
refalsada
regulares
religiosas
rezolvido

S
santa
saudoza
serto
soberano – 3
social
solto

T
traiçoeira
traidores

U
unico – 2
umano

V
velho
velhacos
verdadeira

Apenas dez adjetivos se repetiram no decorrer de todo o pasquim: *brasileiro* (oito vezes); *constituinte, soberano* (três vezes); os demais apareceram duas vezes: *alvorado, americano, bom, consumado, facsiozo, gloriozo, nacional, poderozo, político, provado* e *unico*. Os demais adjetivos foram empregados apenas uma vez no impresso analisado. É importante destacar a presença do adjetivo pátrio *brasileiro*, que se repetiu neste pasquim e no anterior.

b. A posição e a função sintática dos adjetivos nas orações

Seguindo aquilo que é mais usual na Língua Portuguesa, a maioria dos adjetivos deste pasquim encontra-se depois do termo a que pretende referir. Mais uma vez, são excluídos deste contexto de análise os adjetivos que cumpriam funções próprias dos substantivos (cf. p. 55). Desta forma, dos 131 adjetivos, 110 fizeram parte desta observação e se distribuíram da seguinte forma: os antepostos somam 32 colocações, isto é, 29%, enquanto que os pospostos somam 78 adjetivos, que correspondem a 71%.

Gráfico 3 – Localização dos adjetivos

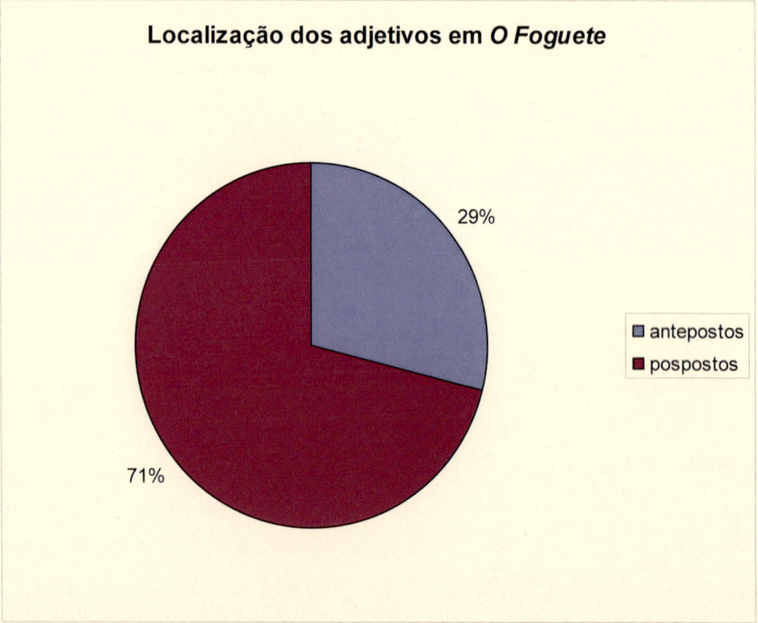

Fonte: Pesquisa direta – 2010

Em face do exposto, a posposição foi a forma de emprego mais presente em *O Foguete*, assim como o foi nos periódicos analisados anteriormente.

Quanto ao critério de qualificação ou de classificação (*subcategorização*) proposto por Neves (2000), o primeiro critério se faz mais presente que o outro. Num total geral de 131 adjetivos, 102, ou seja, 77% mostraram-se qualificadores, enquanto os outros 29, isto é 23% mostraram-se classificadores. Com os exemplos a seguir, são ilustrados os dados analisados.

Qualificadores:

uma política **refalsada** e **traiçoeira**	(pág. 1)
palavras **gordas** para vos deslumbrarem	(pág. 2)
e eis a **forte** razão,	(pág. 3)
subindo depois ao seu **primitivo** estado	(pág. 4)

Classificadores:

sugeitando-se a todas as condições **governativas**	(pág. 1)
as festansas quer **religiosas**, quer **políticas**,	(pág. 2)
Ora, pois que eu sou na politica **brazileira**,	(pág. 3)
Credo **político** do foguete.	(pág. 4)

Esse fato também se assemelhou aos dois anteriores pasquins analisados *O Praieiro* e *A Voz do Brasil*. Mais uma vez, confirma-se que a qualificação é a função textual do adjetivo de maior reiteração.

Um outro paralelo percebido entre *O Foguete* e os dois outros periódicos analisados anteriormente foi a grande quantidade de adjuntos adnominais, em detrimento das outras funções sintáticas exercidas pelo adjetivo no referido pasquim.

Tabela 3 - Função sintática dos adjetivos no pasquim *O Foguete*

Função sintática	Quantidade	Porcentagem
Sujeito	1	0,8%
Predicativo do sujeito	7	6,5%
Objeto indireto	-	-
Objeto direto	2	1,5%
Predicativo do objeto	4	3%
Adjunto adnominal	113	85,1%
Adjunto adverbial	1	0,8%
Aposto	2	1,5%
Vocativo	1	0,8%
TOTAL	131	100%

Fonte: o autor

A função sintática de adjunto adnominal realmente, como se vê, é a que mais se faz presente n'*O Foguete*, mostrando assim que esse papel desempenhado pelo adjetivo lhe é bastante próprio.

c. O universo semântico

O *Foguete* trata da necessidade de surgimento de um sentimento nacionalista que se oponha ao sistema de governo vigente, ou seja, a Monarquia, que tanto mascarava a realidade subumana pela qual passavam os brasileiros, como se entende em suas linhas. Esse assunto, sem dúvida, se assemelha aos demais pasquins analisados, o que não é de se estranhar, pois o aparecimento desses periódicos deve-se principalmente a essa circunstância política do século XIX. Por essa razão, os centros de interesse identificados foram: *vida política, relações de trabalho* e *problemas econômicos de caráter coletivo*.

A seleção lexical observada n'*O Foguete* demonstra a percepção dos autores sobre o sistema monárquico e a situação brasileira:

Quadro 8 - Seleção dos adjetivos em *O Foguete*

A Monarquia / A Política / A situação brasileira
política **refalsada** *e* **traiçoeira**
sentir a pozição **falsa**
um genio **avesso** *a umanidade*
um animo **frio** *e* **estragador**
tempos **imemoriaes**
estadistas uns **melquetrefes**
a este **mizeravel** *mundo* **brasileiro**
orrivel *legenda de nosso sistema*

Fonte: o autor

Por outro lado, os adjetivos endereçados ao povo brasileiro o exaltam, atribuindo-lhe o devido valor e respeito que deveria receber dos governantes nos diferentes níveis de governo.

Quadro 9 - Seleção dos adjetivos em *O Foguete*

Os Brasileiros
*ficando ao **gualdido** povo*
*em prol dos **gloriozos** patrícios.*
*Crêo no pôvo **unico poderozo**.*

Fonte: o autor

O povo brasileiro era o alvo de bastante perseguição, pois o sistema monárquico absolutista que pousava na mão portuguesa, mostrando-se opressora e aproveitadora das riquezas brasileiras. Esse assunto é recorrente em todos os jornais analisados e em tantos outros aos quais tive acesso, mas não incluí nesta pesquisa.

d. A atualidade dos adjetivos

Os adjetivos empregados n'*O Foguete* apresentam bastante atualidade e possibilidade de uso em textos atuais. Dois adjetivos identificados causaram uma inicial estranheza em relação ao seu sentido: (1) *"ficando ao **gualdido** povo"*. Em busca em dicionários, encontra-se a seguinte acepção: 'Gualdido de gualdir (comer, gastar, esbanjar)'. (2) *"segundo aquela **gatimoniosa** mulher"*, cujo significado não foi encontrado nos dicionários utilizados, mas aproximou ao adjetivo 'gatuno', que significa ladrão, esperto, larápio. Esses foram os únicos casos observados, e todos os demais adjetivos podem ser facilmente encontrados em textos de nosso cotidiano.

No que diz respeito à grafia das palavras, em relação aos outros pasquins analisados, *O Foguete* demonstra bastante semelhança. Vejamos os exemplos sobre essa observação:

Ausência de acentuação gráfica:
n'esse laberinto **inextricavel**
com entidade **politica**
este **mizeravel** mundo

Diferenças quanto à grafia e desinências de plural:
de tempos **imemoriaes**
de recursos **naturaes**
um governo **facsioso**
em prol dos **gloriozos** patrícios
de fazer **brazileiros** aos nascidos
d'essa grande e **jeneroza** revoluçaõ
Pois **serto** que foguetes
esta a **orrivel** legenda

4.4 – O TRIBUNO

As características observadas n'*O Foguete* corroboram as percepções oriundas dos dois outros jornais analisados e já se pode adiantar que a análise do próximo pasquim, O Tribuno, revela bastante semelhança. Segundo Nascimento (1967), esse periódico era publicado a cada três semanas, a partir do dia 13 de agosto de 1847, findando em 07 de setembro de 1848. Seu editor era Antônio Borges da Fonseca, que fora preso por quatro anos e oito meses, sendo solto e tempos depois preso novamente. A esses fatos, deve-se a interrupção na publicação deste periódico, que tinha formato de 22cm x 15cm, que abrigava quatro páginas, dispostas duas colunas cada. Era confeccionado na Tipografia União, que ficava na rua de mesmo nome no centro do Recife. Sua divisa era: "Isto é verdade, mas vós a não deveis dizer".

Seu último número saiu por volta de sete de setembro 1848, justamente por mais uma prisão sofrida por seu editor, que lutava para que a província pernambucana tivesse dirigentes oriundos de sua própria circunscrição geográfica.

Quadro-sinóptico 10: O Tribuno

Página 1
• *imprimindo uma **nova** edição da Bílbia;*
(AA)
• *e, querendo provavelmente vingar-se de alguma altereação **domestica**,*
(AA)
• *a sentença da obediencia **conjugal**,*
(AA)
• *Alguns exemplares desta Biblia forão pagos por preços **exorbitantes***
(AA)
• *Aos **pernambucanos** para que prefiraes os **pernambucanos***
(OD)   (OD)
• *Ouvi a vosso xefe, ó **praieiros**.*
(VOC)
• *Meu **caro** primo e amigo,*
(AA)
• *Recebi o seu favor de 18 do mez **passado***
(AA)
• *para excluir-me da urna **eleitoral**,*
(AA)
• *Movido por **baixas** vinganças, e **torpes** interesses*
(AA)   (AA)
• *para que tenha nelles a **maior** votação **possivel**.*
(AA)   (AA)
• *a reeleição dos nossos **patricios** Dr. Joaquim Nunes Machado,*
(AA)
• *e Antonio Joaquim de Mello, deputados mui **dignos** do meu pedido*
(AA)
• *e cuja exclusão seria, alem de **notoria** injustiça, expo-los á perseguição...*
(AA)
• *uma súcia de **Bahianos** e **Cearenses** queria a força enxertar-se*
(AA)   (AA)
• *e que o governo P. os proteja em tão **temeraria** pretenção,*
(AA)

116

O USO DOS ADJETIVOS EM PASQUINS

Página 2
- em prejuízo de tantos **pernambucanos dignos** de representarem a província.
  (AA)   (AA)
- Eu não sou **bairrista**, mas como a Const. Manda
  (PS)
- para arredar <u>**semelhante**</u> gente, que nada podendo ser em seu paiz **natal**,
  (AA)   (AA)
- e disponha da vontade do seu primo amigo **fiel obrigadíssimo**
                                            (AA)   (AA)
- Esses dois mil trilhos do povo, que vós espalhaes, vermes **imundos**,
                                                            (AA)
- por que não escreveis em letra **redonda** tão <u>**valiozo**</u> sirviço?
                                 (AA)   (AA)
- conhecei que ele é **baiano**, e tem interesses em sustentar os seus **patrícios**
                     (PS)   (OD)
- escreva lá isto no Proletário, na Barca, na **Pavoroza** etc.,
                                              (AAdv)
- Pois não! o que se põe em letra **redonda**, é por que é verdade.
                                  (AA)

- A **PAVOROZA**.
- **Impio**, e sempre **impio**! **Sacrílego**, e sempre **sacrilego**!
  (AP)   (AP)   (AP)   (AP)
- aquele que ouza aprezentar ao publico tão <u>**infame**</u> rapsodia!!...
                                             (AA)
- breve nos dá a tipografia **policial** de Mendes a martinhada,
                            (AA)
- outras produções taõ intimamente **imoraes**,
                                   (AA)
- como essa <u>**pavoroza**</u> iluzão da Eternidade,
            (AA)
- que oje publica, com tão <u>**pessima**</u> aplicação.
                           (AA)
- essa sua obra damaziadamente **livre**, fazia uma omenagem a Deus,
                               (AA)
- considerava um Deus a quem a superstição faz um **tirano**,
                                                  (PO)
- o rapsodista abate todas essas ideas **elevadas** ao Ente **Supremo**,
                                       (AA)   (AA)
- té ao ponto de as passar para vermes **insignificantes**, e **disprezíveis**.
                                       (AA)   (AA)

117

- Meu Deus, perdoai ao **malvado**,
  (OI)
- mas iluminai o povo para fujir d'esses **seleratos**; [...] d'esses **sacrílegos**,
  (AAdv)   (AAdv)
- que ouzam elevar um **selvajem** tão **ediondo** como Xixorro
  (OD)   (AA)

Página 3
- nada mais há na **pavorosa** iluzaõ dos guabirus,
  (AA)
- que mereça a **mínima** consideraçào.
  (AA)
- Se sempre assim fora a imprensa **policial** de Mendes,
  (AA)
- Mas foi a Barca **infeliz** na sua contestação, e **infeliz**,
  (AA)   (AA)
- Isto assim é lojica de Sampaio que diz ser trono **sinonimo** do imperador,
  (AA)
- Diz a Barca que o meu **predilecto** barão da Boavista também é **culpado** da falta de azilo
  (AA)   (PS)
- que esbanjou em obras **uteis** sim, porém não tão **necessárias**,
  (AA)   (AA)
- nunca teve um **só** pensamento que dicesse respeito
  (AA)
- **Bom** é que a verdade já vai surtindo alguma couza,
  (SUJ)
- vós já conheceis as obras do **onrado** barão, são **uteis**; e isto é já **meio** caminho andado.
  (AA)   (PS)   (AA)
- As obras que tem empreendido o sr. Xixorro são somente para fins **caritativos**?
  (AA)
- sr. Xixorro manda estabelecer um colejio de **orfans**.
  (AA)
- Sim, senhor, todas duas são obras **meritosas**,
  (PS)
- mas vede que o colejio não está **seguro**,
  (PS)
- E assim mesmo **fraco** este estabelecimento vede S. Exc.
  (AA)
- O sr. Barão fez estradas, **uteis**; porem deviam ser obras **secundarias**.
  (AA)   (AA)

- As estradas não são somente **uteis**, são **necessarias:**
  　　　　　(PS)　　　　(PS)
- a industria **nacional** morre a falta de meios de condução para o mercado.
  　　　　(AA)
- são considerados como objetos **primários**, de necessidade **indeclinável**,
  　　　　　　　　　　(AA)　　　　　　　　　(AA)
- para dar vida ao corpo **social**
  　　　　　　　　(AA)
- com duas ou trez escolas no colejio de **órfãos**; bem que estas sejam **uteis**.
  　　　　　　　　　　　　　　(AA)　　　　　　　　　　(PS)
- Barca de vijia, está mui longe do **complicado** estudo da economia **social**,
  　　　　　　　　　　　　(AA)　　　　　　　　　　(AA)

Página 4
- Tereis feito o **maior** sirviço ao **destinto** barão da Boa Vista.
  　　　　(AA)　　　　(AA)
- porque se não publicam as comunicaçõs **oficiaes**?
  　　　　　　　　　　　(AA)
- Si não responderdes ficareis **convensida**, senhora barca, de falsaria.
  　　　　　　　　(PS)
- ¿os muitos outros factos estão **desmentidos**?
  　　　　　　(PS)
- Exm. Sr. Prezidente, ou quem **competente** for..
  　　　　　(PS)
- para as reuniões **noturnas**, afim de também tirar
  　　　　(AA)
- arrejimentado um esquadrão, para as reuniões **noturnas**
  　　　　　　　　　　　　　　　(AA)
- um padre **portuguez** filho de **Siciliano**
  　　(AA)　　　　(AA)
- nada tem com os negócios **eleitoraes**,
  　　　　(AA)
- a policia manda ir o seu rejimento **armado**
  　　　　(AA)
- Ora, Exm. Sr., V. Exc. que é **majistrado** sabe
  　　　　　(PS)
- Um frade no mundo **político**, segundo a carta está a par do **cativo**,
  　　　　(AA)　　　　　　　　　　　　　　(AA)
- já que consente em taes conventiculos **assistidos** por um frade;
  　　　　　　　(AA)

Fonte: o autor

a. A quantidade e a recorrência de adjetivos

O Tribuno foi o pasquim mais comedido no emprego de adjetivos: foram num total de 103, na seguinte distribuição: 20 na primeira página; 35 na segunda; 32 na terceira; e 16 na quarta. Seguindo o modelo de análise, abaixo encontra-se a lista com todos os adjetivos encontrados no periódico.

A
armado

B
bahiano(s) – 2
bairrista
baixas
Bom

C
caritativos
caro
cativo
cearenses
competente
complicado
conjugal
convensida
culpado

D
desmentidos
destinto
dispreziveis
dignos, dignos
domestica

E
ediondo
eleitoral(es) – 2
elevadas
exorbitantes

F
fiel
fraco

I
imoraes
ímpio – 2

imundo
indeclinável
infame
Infeliz – 2
insignificantes

L
livre

M
maior – 2
majistrado
malvado
meio
meritosas
mínima

N
nacional
natal

necessarias - 2
notória
noturnas - 2
nova

O
obrigadissimo
oficiaes
onrado
orfão/ans - 3

P
passado
patrícios - 2
pavoroza - 4
pernambucanos - 3
pessima

policial - 2
politico
portuguez
possível
praieiros
predilecto
primários

R
redonda - 2

S
sacrílego - 3
secundarias
seguro
seletaro
selvajem

semelhante
siciliano
sinônimo
só
social - 2
supremo

T
temeraria
tirano
torpes

U
uteis - 6

V
valiozo

Poucos foram os adjetivos repetidos nesse impresso: *'uteis'* repetiu-se seis vezes; *'pavoroza'* repetiu quatro vezes; *'pernambucanos'*, *'órfão'* e *'sacrilego'* repetiram três vezes; e, com 02 (duas) repetições cada: *bahiano, maior, eleitoral, necessario, noturnas, impio, redonda, infeliz, patricio, policial e social*. Os demais adjetivos ausentes nessa seleção apareceram uma vez apenas.

b. A posição e a função sintática dos adjetivos nas orações

Mais uma vez, a posposição do adjetivo ao substantivo é a realização maior ocorrência. Num total de 103 vocábulos, apenas 73 passaram pela análise de localização: 25 estão antepostos (34%), e 48 estão pospostos (66%) (cf. p. 55). O gráfico a seguir ilustra as informações ora apresentadas:

Gráfico 4 – Localização dos adjetivos

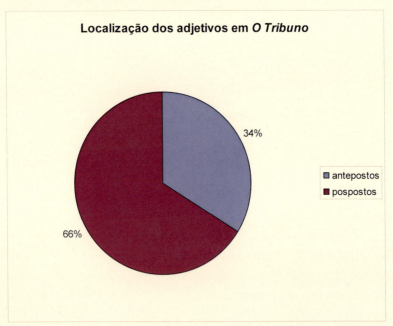

Pesquisa: Fonte direta – 2010

Quanto ao critério de qualificação ou de classificação (*subcategorização*) proposto por Neves (2000), identifica-se que o primeiro se faz mais presente que o segundo. Num total geral de 103 adjetivos, 68 (66%) mostraram-se qualificadores, enquanto os outros 35 (34%) mostraram-se classificadores. A seguir os quadros dispõem os exemplos apresentados, respectivamente.

Qualificadores:

imprimindo uma **nova** edição da Bílbia	(pág. 1)
que vós espalhaes, vermes **imundos**,	(pág. 2)
que mereça a **mínima** consideraçào.	(pág. 3)
ficareis **convensida**, senhora barca,	(pág. 4)

Classificadores:

já sobre a causa dos males **publicos**,	(pág. 1)
a tipografia **policial** de Mendes a martinhada,	(pág. 2)
são somente para fins **caritativos**?	(pág. 3)
nào publicam as comunicaçõs **oficiaes**?	(pág. 4)

A qualificação parece ser a função textual por excelência do adjetivo. Nos três anteriores jornais: *O Praieiro, A Voz do Brasil* e *O Foguete*, foram percebidas as mesmas características. Da mesma forma, a predominância de Adjuntos Adnominais, enquanto função sintática exercida pela categoria gramatical em estudo foi a mais presente. Abaixo, são sistematizados os dados numa tabela ilustrativa.

Tabela 4 - Função sintática dos adjetivos no pasquim *O Tribuno*

Função sintática	Quantidade	Porcentagem
Sujeito	1	1%
Predicativo do sujeito	13	12%

Objeto indireto	1	1%
Objeto direto	3	3%
Predicativo do objeto	1	1%
Adjunto adnominal	77	74%
Adjunto adverbial	3	3%
Aposto	4	4%
Vocativo	1	1%
TOTAL	103	100%

Fonte: o autor

c. O universo semântico

O Tribuno, no número analisado, difere-se estruturalmente dos demais pasquins analisados. Em vez de apenas um texto único (artigo), ou talvez apenas uma divisão, este pasquim traz uma pequena narrativa; uma carta; dois comentários sobre a referida carta – um dos quais, denegrindo a imagem de um frade baiano que não era bem-vindo em Pernambuco –; um artigo fazendo propaganda dos candidatos à Província de Pernambuco; e mais dois pequenos textos bastante satíricos. O tema principal é a questão política de dominação e subordinação, por parte de portugueses e brasileiros, mais precisamente, pernambucanos. Relacionados a isso, foram identificados os seguintes centros de interesse: *casa*; *família*; *vida política*; *relações de trabalho*, e *problemas econômicos de caráter coletivo*.

Para demonstrar a importância da seleção lexical, estão organizadas duas colunas de adjetivos endereçados (1) aos pernambucanos e seus patrícios e (2) aos não bem-vindos à Província Pernambucana.

Quadro 11 - Seleção dos adjetivos em O *Tribuno*

Os Pernambucanos	Outros
Dignos *Fiel* *Livre* *Predilecto* *Onrado*	*Baixos* *Torpes* *Temerária* *Ímpio* *Sacrílego* *Infame* *Imoraes* *Péssima* *Tirano* *Insignificante* *Desprezível* *Malvado* *Selvajem* *Ediondo*

Fonte: o autor

Nesta pequena seleção, mais adjetivos foram empregados de forma negativa para qualificar os portugueses, demonstrando, assim, o objetivo do jornal em denunciar, criticar, desmerecer algumas personalidades, em vez de exaltar seus feitos e projetos. Desta forma, percebe-se o quanto a seleção lexical é condição *sine qua non* para a concretização das intenções pretendidas com a publicação de textos dessa natureza.

d. A atualidade dos adjetivos

Uma característica dos adjetivos encontrados n'O Tribuno é a atualidade. Não foram percebidos nos termos estudados algum que tenha apresentado qualquer tipo de alteração semântica. Talvez algo que chame a atenção, tenha sido o adjetivo 'selerato' (celerado): "*mas iluminai o povo para fujir d'esses **seleratos**; [...] d'esses sacrílegos,*", a divergência na grafia nos levou a questionar possibilidade de existência de palavras homófonas, mas o contexto possibilitou o entendimento do vocábulo, que significa: criminoso, delinquente, facínora, malfeitor, bandido, marginal.

Os demais adjetivos apresentaram diferenças quanto à grafia de várias maneiras, conforme podemos observar nos exemplos abaixo:

Diferenças quanto à grafia e acentuação:
para fujir d'esses **seleratos**;
Bahianos *e Cearenses*
tão **valiozo** *sirviço*
o meu **predilecto** *barão*
do **onrado** *barão*
tão **ediondo** *como Xixorro*

Diferenças quanto à acentuação:
altereação **domestica**
tão **temeraria** *pretensão*
d'esses **sacrilegos**

Diferenças quanto à grafia do plural:
taõ intimamente **imoraes**
as comunicaçõs **oficiaes**

Esse pasquim trouxe muitas semelhanças que podem ser relacionadas aos demais analisados, levando a observar uma regularidade no emprego dos adjetivos no corpus selecionado para a nossa pesquisa, nos diversos critérios estabelecidos.

Numa visão geral, a quantidade e recorrência dos adjetivos mostraram-se bastante parecidas: foram 129 em *O Praieiro*, 170 em *A Voz do Brasil*, 131 em *O Foguete*, e 103 em *O Tribuno*. Nos quatro pasquins, a função sintática exercida pelos adjetivos mais recorrente foi a de *adjunto adnominal*. Respectivamente, num total de 100%, essa função sintática foi percebida em 82% dos casos em *O Praieiro*, 73% em *A Voz do Brasil*, 87% em *O Foguete*, e 74% em *O Tribuno*, constatando, portanto, que essa é a função primordial do adjetivo.

Em relação à posição sintática na frase, a posposição do adjetivo ocupa 73,5% dos casos, numa média aritmética, o que revela que esse seja, em português, o uso mais recorrente do adjetivo. Acredito, com isso, que, já no período analisado dos textos coletados (1844-1847), a Língua Portuguesa já apresenta essa característica, preservada até hoje.

No que tange as funções de *qualificar* e *classificar*, a primeira apareceu com uma vantagem muito superior em relação a outra: 73,5% foi a quantidade de ocorrências. A função textual de *classificar* somou um total de 26,5%, revelando as observações iniciais de que o adjetivo *qualifica* mais que classifica, segundo as análises feitas.

No universo semântico, os campos semânticos ou centros de interesse mais identificados foram: *vida política, relações de trabalho, problemas econômicos de caráter coletivo*, e *meios de informação*. Isso se deve, certamente, ao momento socioeconômico no qual o Brasil então se encontrava. A seleção lexical foi um recurso bastante importante e poderoso no processo de produção textual.

Por fim, a face do português em análise mostra-se bastante achegada ao que hoje se vê na língua. Muito pouco sofreu alteração semântica ou caiu em desuso, o que revela uma proximidade semântica na língua, ou seja, ela não sofreu alterações ou mudanças significativas em suas unidades lexicais e em sua semântica.

Tais observações, ora compiladas, serão comentadas nas considerações finais, próxima seção deste trabalho.

CONSIDERAÇÕES FINAIS

A língua carrega em sua essência o aspecto dialógico. Um texto sempre cumpre o papel de dizer algo a um determinado alguém. O *que dizer* é importante, mas o *como dizer* pode atribuir outras significações ao que foi dito de maneira explícita. Neste sentido, as estratégias de construção de um texto são infinitas e repletas de possibilidades. Entre essas estratégias, a adjetivação torna-se bastante funcional nos diferentes gêneros textuais, cumprindo funções diversas, a depender da natureza desses gêneros em que ela opera. Uma das principais referidas funções do fenômeno da adjetivação parece ser a de contribuir para a predicação dos termos a que se refere.

Esse recurso, a adjetivação, fez-se bastante presente nos textos aqui analisados. A imprensa soube se valer dos aparatos que a língua oferece para cumprir sua função social num país em que a desigualdade, opressão e injustiça reinavam às claras. Os pasquins, nesse sentido, muito bem souberam fazer ecoar o seu recado nas diversas instâncias da sociedade brasileira do séc. XIX.

O registro da Língua Portuguesa nos pasquins do referido século aparece já muito próximo do que empregamos em nossos dias, isso também nos confirma o caminho percorrido por essa língua no processo de abrasileiramento, quando passa a ter características próprias, com a miscigenação com as línguas ameríndias e africanas, divergindo do português lusitano.

O percurso percorrido pela Língua Portuguesa no Brasil pode ser percebido inicialmente na vestimenta externa utilizada pelas palavras, na estrutura sintática e na carga semântica de suas unidades lexicais. Esses três elementos, que também foram objeto da análise neste trabalho, revelaram que o rosto da Língua Portuguesa do século XIX sofreu alterações não tão significativas que impossibilitassem o seu entendimento hoje. Isso evidencia o referido processo de abrasileiramento da língua lusitana, ou seja, o português vai tomando formas mais tropicais.

Em relação aos aspectos mais formais de análise, posso concluir que a presença do adjetivo na frase ocorre muito mais de modo periférico em relação ao núcleo dos sintagmas. Sua posição apresenta-se, na maioria das vezes, posposta ao termo qualificado/classificado, revelando traços ainda hoje identificados na Língua Portuguesa.

A língua é também um evento social, pois está ligada ao contexto em que se insere, seja ele histórico, social, político, cultural etc. Tudo isso afeta diretamente a língua, fazendo com que os textos produzidos manifestem características da sociedade de onde eles nasceram. Os assuntos abordados nos pasquins denunciam a situação pela qual passava a civilização daquela época. Ao mesmo tempo, a seleção lexical torna-se um instrumento imprescindível para a conquista dos objetivos pretendidos no ofício do uso da palavra escrita. Dessa forma, os pasquins analisados confirmaram entendimento atual acerca do tema.

Muitos outros elementos ainda podem ser observados nos mesmos textos analisados, mostrando que não pretendia eu esgotar o tema tratado. Há, certamente, muitas portas a serem abertas e caminhos a serem percorridos pelo rico acervo dos textos históricos. Esse trabalho é, portanto, fruto de uma possibilidade de análise, que espera o surgimento de muitas outras.

REFERÊNCIAS

AMARAL, M. F. **Jornalismo popular**. São Paulo: Contexto, 2006. (col. Comunicação).

ANTUNES, I. **Lutar com palavras**: coesão e coerência. São Paulo: Parábola Editorial, 2005.

ARAÚJO, J. de S. **O perfil do leitor colonial**. Salvador: UFBA, 1999.

AUSTIN, J. L. **Quando dizer é fazer**. Porto Alegre: Artes Médicas, 1990.

BAKHTIN, M. **Marxismo e filosofia da linguagem**. São Paulo: Hucitec, 1979.

BAKHTIN, M. **Estética da criação verbal**. 4. ed. São Paulo: Martins Fontes, 2003.

BARBOSA, J. S. **Grammatica philosophica da lingua portuguesa**. 4. ed. Lisboa: Typographia da Academia Real das Sciencias, 1866.

BAZERMAN, C. **Gêneros textuais, tipificação e interação**. São Paulo: Cortez, 2005.

BAZERMAN, C. **Gêneros, agência e escrita**. São Paulo: Cortez, 2006.

BECHARA, E. **Novíssima gramática da língua portuguesa**. Rio de Janeiro: Lucerna, 2000.

BIDERMAN, M. T. C. **Léxico e vocabulário fundamental**. São Paulo: Alfa, 1996.

BIDERMAN, M. T. C. **Teoria linguística**: teoria lexical e linguística computacional. 2. ed. São Paulo: Martins Fontes, 2001.

BRONCKART, J. P. **Atividade de linguagem, textos e discursos**. São Paulo: EDUC, 2003.

CÂMARA JR., J. M. **Dicionário de linguística e gramática**: referente à Língua Portuguesa. Rio de Janeito: Vozes, 2007.

CHARAUDEAU, P.; MAINGUENEAUD, D. **Dicionário de análise do discurso**. São Paulo: Contexto, 2004.

COSERIU, E. **Teoria da linguagem e lingüística geral**. Rio de Janeiro: Presença, 1987.

CUNHA, C.; CINTRA, L. **Nova gramática do português contemporâneo**. 5. ed. Rio de Janeiro: Lexikon, 2008.

DASCAL, M. Epistemologia, controvérsias e pragmática. **Revista da SBHC**, n. 12, p. 73-98, 1994.

DIJK, T. A. van. **Discurso e poder**. São Paulo: Contexto, 2008.

DIONISIO, Â. P.; MACHADO, A. R.; BESERRA, M. A. (org.). **Gêneros textuais e ensino**. Rio de Janeiro: Lucerna, 2002.

DIXON, R. M. W.; AIKHENVALD, A.Y. **Adjective classes**: a cross-linguistic typology. Oxford: Oxford Press University, 2004.

DUCROT, O. **O dizer e o dito**. Campinas: Pontes, 1988.

DUCROT, O. **Princípios de semântica lingüística**. São Paulo: Cultrix, 1972.

EISENSTEIN, E. **A revolução da cultura impressa**: os primórdios da Europa moderna. São Paulo: Ática, 1998.

FRAGA, R. M. do N. **A Praieira em jornais do século XIX**: constituição discursiva e identidades sociais. Tese (Doutorado em Linguística) – PPGL/UFPE, Recife, 2008.

GRICE, H. P. Lógica e conversação. *In:* DASCAL, Marcelo (org.). **Fundamentos metodológicos da lingüística**. Campinas: [s. n.], 1982. v. 4.

GRIZE, J.-B. **Logique et langage**. Paris-Gap: Ophys, 1990.

GUIMARÃES, E. **Os limites do sentido**. Campinas: Pontes, 1995.

HOFFNAGEL, M. J. Rumos do republicanismo em Pernambuco. *In:* SILVA, L. D. (org.). **A República em Pernambuco**. Recife: Ed. Massangana, 1990.

ILARI, R.; BASSO, R. **O português da gente**: a língua que estudamos a língua que falamos. 2. ed. São Paulo: Contexto, 2009.

ILARI, R.; GERALDI, J. W. **Semântica**. São Paulo: Ática, 1985.

KOCH, I.G.V. **Argumentação e linguagem**. 11. ed. São Paulo: Cortez, 2008.

LAPA, M. R. **Estilística da língua portuguesa**. São Paulo: Martins Fontes, 1998.

LEVINSON, S. C. **Pragmatics**. Cambrigde: Cambrigde University Press, 1992.

LIMA SOBRINHO, A. J. B. **O problema da imprensa**. 2. ed. São Paulo: EDUSP, 1997.

LUSTOSA, I. **Insultos impressos**: a guerra dos jornalistas nos anos de 1821-1823. São Paulo: Cia das Letras, 2000.

MAINGUENEAU, D. **Análise de textos de comunicação**. São Paulo: Cortez, 2001.

MAINGUENEAU, D.; CHARAUDEAU, P. **Dicionário de análise do discurso**. São Paulo: Contexto, 2004.

MALERBA, J. (org.). **A independência brasileira**: novas dimensões. São Paulo: FGV, 2006.

MARTINS, A. L.; LUCA, T. R. **Imprensa e cidade**. São Paulo: Editora UNESP, 2006.

MARTINS, A. L.; LUCA, T. R. **História da imprensa no Brasil**. São Paulo: Contexto, 2008.

MEYER, B. **A arte de argumentar**. Tradução: Ivone C. Benedetti. São Paulo: WMF Martins Fontes, 2008.

MOURA, H. **Significação e contexto**: uma introdução a questões de semântica e pragmática. Florianópolis: Insular, 1999.

MOSCA, L. S. (org.). **Discurso, argumentação e produção de sentido**. São Paulo: Associação Editorial Humanitas, 2006.

NASCIMENTO, L. **História da imprensa de Pernambuco**: 1821-1954. Recife: Editora da UFPE, 1967. v. 1.

NEVES, M. H. de M. **Gramática de usos do português**. São Paulo: Editora UNESP, 2000.

NEVES, L.; MOREL, M.; FERREIRA, T. **História e imprensa**: representação cultural e prática de poder. Rio de Janeiro: DP&A FAPERJ, 2006.

PAVEAU, M.-A.; SARFATI, G.-É. **As grandes teorias da lingüística**: da gramática comparada à pragmática. São Paulo: Editora Claraluz, 2006.

PENA, F. **Teoria do jornalismo**. 2. ed. São Paulo: Contexto, 2008.

PERELMAN, C. **Tratado da argumentação**. São Paulo: Martins Fontes, 1996.

PERELMAN, C. **Retóricas**. São Paulo: Martins Fontes, 1997.

PESSOA, M. de B. **Formação de uma variedade urbana e semi--oralidade**: o caso do Recife, Brasil. Tübingen: Max Niermayer Verlag Tübingen, 2003.

PRETI, D. (org.). **Estudos de língua falada**. São Paulo: PUC (Humanitas publicações), 1998.

RIZZINI, C. **O jornalismo antes da tipografia**. São Paulo: Companhia Editorial Nacional, 1977.

SCHMIDT, S. J. **Lingüística e teoria de texto**. São Paulo: Pioneira, 1978.

SODRÉ, N. W. **História da imprensa no Brasil**. Rio de Janeiro: Mauad, 1999.

VILLALTA, L. C. O que se fala e o que se lê: língua, instrução e leitura. *In*: NOVAIS, F. A. **História da vida privada no Brasil**: cotidiano e vida privada na América portuguesa. São Paulo: Cia das Letras, 1997.

ANEXOS

ANEXO 1

O PRAIEIRO.

PERIODICO POLITICO TAM-SOMENTE.

Liberdade na elleição dos representantes do Paiz, recta administração de justiça, economia nos dinheiros publicos.
MAXIMA DO PARTIDO NACIONAL.

1845]   SEGUNDA-FEIRA, 3 DE NOVEMBRO.   [N.º 2.

O que fez a deputação praieira na Côrte.

Aquelles, a quem o exagerado espirito de partido não tiver collocado em estado de achar só bom, e bello tudo quanto fôr de seo lado, e que houver sido praticado por seos correligionarios politicos, naõ poderão certamente negar que a deputação de Pernambuco no anno de 1845 apresentou na côrte uma conducta exemplar, é fez os maiores, e mais importantes serviços ao Paiz, que a ellegêo para representar seos interesses, e sua politica.

Composta de 12 membros, (por que o Sr. Uchoa Cavalcanti era termo heterogeneo) a deputação praieira portou-se sempre, e nas crises as mais arriscadas, e melindrosas com a maior dignidade, e perseverança. Muito unida, muito desinteressada nunca vacillou em seus pensamentos á respeito dos negocios vitaes da Provincia, e dos principios, que formulaõ o sistema, e a politica da Praia. Os deputados praieiros não se curvaraõ perante alguem para obter o provimento das necessidades do Paiz; os deputados praieiros não pedirão para si, e nem para outros, lugares, postos, honras, e condecoraçoens, servindo assim de pezo ao Ministerio, que elles apoiaõ, e aos amigos de quem precisaõ, naõ para promover o interesse privado, mas a utilidade publica da Provincia; os deputados praieiros naõ trouxeraõ os peitos cobertos de habitos, e de commendas, e nem sacos cheios d'ellas para mimosear aquelles que pugnaraõ por a elleição delles, como vil, e baixamente fizeraõ esses deputados do Barão cahido, que sem a menor attenção à capacidade dos individuos, e ao apreço que se deve dar as honras conferidas pelo Monarcha, trouxeraõ habitos, e commendas para quanto analphabeto e pelintra lhes pareceo conveniente contentar e dispôr ao trabalho de uma nova elleição.

O partido da Praia mais serio, mais commedido, mais digno, do que esse fragmento do partido denominado — Baronista, o partido

135

da Praia, mais amigo do Paiz, do que dos interesses do individualismo, naõ fez exigencias, e nada pedio, nada quiz senaõ o melhoramento phisico, e moral da Provincia; e como esse melhoramento naõ podia depender primitivamente senão do primeiro magistrado que viesse presidir os destinos d'ella, o Governo de S. M. I., o Ministerio de 2 de Fevereiro, que solicito procurou sempre melhorar a sorte dos Brasileiros, ouvindo a representação Pernambucana, dignou-se dar-nos o Exm. Sr. Chicorro da Gama, homem probo, e intelligente, magistrado integerrimo, e livre, á quem foi confiado o governo Provincial, que tão sabia, e justamente tem sabido desempenhar. E o que mais podia fazer a Praia no Rio, e o que mais devia fazer? Obter um Presidente recto, e intelligente, obter um chefe de policia das qualidades dos Srs. Arruda, e Affonso, cujo elogio está acima de quanto possamos dizer, não é isto só de per si o maior, o mais relevante serviço? Ninguem pode-lo-ha contestar. A Provincia está salva, os assassinos que a invadiaõ já desappareceraõ, as estradas do Arraial, e Afflictos já não estão povoadas de ladrões, e malfeitores, a honra encontra guarida, e o crime espavorido corre precipitado das plagas Pernambucences! Oh! quem dera que um meio seculo ao menos durasse esta politica, e este Governo! Pernambuco augmentaria consideravelmente em sua civilisação, e grandeza material, e então o ba-

camarte, e a faca de ponta não seriaõ mais os argumentos com que nossos adversarios costumaõ responder-nos, e nem o roubo, e a morte o meio de vida, que alguns tem adoptado para poderem gozar prazeres criminosos, e infernaes!

Não queremos tirannisar o pensamento d'alguem; reparem bem nossos adversarios que em materia de politica admittimos toda a tolerancia, porque ella é uma prova do estado de civilisação, e de moralidade; mas queremos opinar d'este, ou d'aquelle modo sem que temamos o ferro homicida, queremos fallar contra o systema, e politica do Barão de Boa-Vista sem receio de que os Alexandres, e Valentins invadaõ nossas casas, façaõ n'ellas perfidas emboscadas, e pretendaõ arrancar-nos a vida. Esses homens, a quem uma pêra serve de honra, esses homens, que seguem não um sisthema, não uma politica, mas a um homem sem prestigio, e sem reputação, a um homem que não tem os requizitos precisos, e necessarios para ser chefe de partido, e menos inventor de uma politica, podem dizer de nós quanto lhes parecer, podem encher-nos de baldões, e de improperios, mas os homens sensatos, a maioria da Provincia dirá — a Praia não se vale dos empregos, que occupa, para prevaricar, e roubar os dinheiros da Nação; a Praia não se vale das posições, em que se acha, para vingar-se de seos inimigos, para maltratar a população, para procurar somente o bem-estar de seos chefes, e de seos influentes; a Praia finalmente naõ sancciona o principio terrivel do roubo, e do assassinato! Podem ter erros alguns dos nossos correligionarios, e amigos, podem, por considerações, que cumpre naõ discutir, haver um ou outro membro d'esse grande partido nacional menos contente, e satisfeito; mas quanto ao fim á que todos nos propomos, quanto aos meios que devemos empregar para obter este fim, existe na Praia a maior uniaõ, e dignidade. Unidade no pensamento, e unidade na acção taes saõ os principios, que a Praia consagra como indispensaveis para sustentar sua politica: ro 1.º está provado pela publicação dos Periodicos, que todos fallaõ no mesmo sentido, que todos opinaõ de um mesmo modo, sendo diversos, e multiplos os seos escriptores, e tambem pela representação, pelos deputados que a Provincia tem na Tribuna Nacional, porque sem a menor divergencia todos pensaõ de um mesmo modo quanto aos interesses de Pernambuco, quanto á politica: o 2.º está tambem provado pela acertada escólha que fez o Governo Geral do Exm. Sr. Chichorro, e do digno chefe de policia da Provincia, que ambos de commum accordo obraõ sempre de um mesmo modo, havendo assim unidade no pensamento, e n'acçaõ.

Esbravejem pois embora os baronistas, o partido nacional será sustentado por muito tempo, pois que elle se apoia na justiça de sua causa, e no interesse, e probidade do Governo Imperial. O Monarcha Brasileiro sabe perfeitamente que aquelles, que fasem do roubo, e do assassinio seo primeiro brazão, naõ podem occupar os empregos sociaes, e ser os directores do Paiz. A primeira qualidade de cidadão é ser respeitador das leis, probo, e honrado: querer pois governar sem titulos taes é pretenção rediculla, é loucura rematada.

Quando assim fallamos não se entenda que excluimos do lado que nos é opposto todos o homens de bem, todos os cidadãos honestos; não, já dissemos em nosso 1º. n. que o exclusivismo é injusto, e perigoso, mas força é confessar que a maioria d'esse lado, a quasi totalidade é de homens, com quem a Policia teria muito que fazer, com quem os Juises criminaes estariaõ sempre occupados, se por fatalidade nossa as nossas cousas ainda naõ estivessem taõ más que ha quasi uma impossibilidade bem infeliz de obter provas de factos, cuja existencia aliás sabemos que se deo, mas que juridicamente se naõ pode dar como certa pela immoralidade d'aquelles, que, collocados em hum lado opposto, tudo invidaõ para frustrar as indagações, e o conhecimento do feito. Oh! quem naõ sabe que ainda existem *covas no Arraial?!* Mas como saber onde ellas estaõ, como? o partido Baronista que o responda.

Entre as muitas injustiças, que o partido do Baraõ tem feito á Praia nota-se huma bem sensivel, e vem a ser a posição miseravel em que elle pretende collocar os deputados praeiros. Se esse lado governado pelo Sr. do Engenho Trapiche do Cabo tivesse altas capacidades, se n'elle se podessem contar homens de abalisados conhecimentos, e de huma habilidade transcendente ainda seria desculpavel que criticassem a Praia, bem que n'ella se encontrem as pessoas mais sensatas, e os homens de mais conhecimentos, o capacidade na Provincia, mas um lado composto, salva huma, ou outra excepção, de perfeitos idiotas, e analphabetos, hum lado, que para completar o numero de seos deputados foi buscar obscuridades bem sensiveis, e homens ignorantissimos, como pode alcunhar a deputação praeira de má, e acoima-la de ignorante, como por vezes se tem lido no Diario v., e seos satelites? Qual é o homem de tino, e desapaixonado que fazendo entre as deputações do anno de 45, e a dissolvida huma ligeira comparação, se não pronuncie por a nossa? Quaes erão os sabios, os homens notaveis que o Barão de Boa-vista fez deputados? A excepção do Sr. Maciel Monteiro, que fallava na camara, bem que com pouco interesse pelo paiz, e de mais um ou outro quaes erão as eminencias propriamente Baronistas que fizerão abismar na Tribuna nacional o Povo Fluminense? O Praeiro não quer sahir de seo proposito, publicando nomes, e factos que provarião vergonhas que esses deputados Baronistas fizerão na Corte; mas o **Povo de Pernambuco** sabe perfeitamente que o Barão de Boa-vista, seo irmão, e alguns d'aquelles que como deputados forão á Camara, nunca honrarão a Provincia que os vio nascer, ao menos pela manifestação de seos conhecimentos. Leião-se os officios, e cartas particulares do Senhor Barão, e ver-se-ha que quem assassina cruelmente a Grammatica não pode ser là grande couza, alem de que mesmo nas mathematicas, onde S. S. é formado, o Paiz ainda não sabe se pode confiar em seos conhecimentos. Contenha-se pois o partido dos *sabios*, não alcunhe tanto de ignorantes, e inhabeis os deputados da Praia, por que o Rio já conhece muito os *membros da influencia legitima* e sabe que a mor parte d'elles, discipulos do Feijão de côco, não sabe ainda — quem é o pai dos filhos de Zebedéo —.

PERDERÃO AS ESPERANÇAS.

Os Baronistas, que são por certo os homens mais fracos, e menos resignados que se conhecem, esperavão a cada momento hum Presidente que substituisse o Exm. Sr. Souza Teixeira; chegou o Ex. Sr. Chichorro, e logo ao cabo de 8 ou 10 dias reclamarão sua mudança; e anciosos esperavão que algum membro da *influencia legitima* viesse agora de Presidente. Afinal chegou o São Sebastião, e os homens ficarão como huns desesperados, e sem coragem para ver a Praia satisfeita *por mais algum tempo*, e parece que prestes se enforcarão! Consta que a *influencia legitima* cahio em perfeito desanimo, e perdeo de todo esperanças de reviver politicamente. A terra lhe seja leve. *Pax tecum*

Pern. —*Typ. Imp. de L. I. R. R.*

ANEXO 2

ANNO DE 1847.   NUMERO 2.

A VOZ DO BRASIL.

*Não tenhas minha muza medo delles,
Vai batendo de rijo, fogo nelles.*

RECIFE 2 DE NOVEMBRO.   PREÇO 40 R.ˢ

Agora que nos preparamos para eleger os nossos representantes para a nova legislatura, occasião em que renassem as esperanças dos brasileiros, d'estes Americanos que em 26 annos de independencia pouco tem marchado no caminho da civilisação e da prosperidade, porque o genio do mal os tem infelismente dividido, por muitas vezes devidido, e feito em penharem-se em lutas fratecidas, donde só tem provindo males immensos; a gora que tantos annos de dolorosa expriencia deverão ter feito bem conhecer as necessidades, que affligem a nossa terra, e que a Devina Providencia, conduida de tanto soffrer, se tem a mercado dos brasileiros memozeando-os com uma paz geral, he dever do escriptor livre concorrer com o seo contingente o ferecendo no campo das oisessões suas ideias, já sobre a causa dos males publicos, já sobre os meios de os melhorar, se naõ arrancar de todo.

Novo como he o brasil, lutaõ seus filhos com todos os embaraços da infancia, tanto mais embaraçosa, quanto suas forças por isso mesmo fracas naõ lhes permitem fortes trabalhos, que para cumulo de males saõ entorpecidos por muitas circunstancias externas. Os nossos descobridores limitaraõ-se a penas de exaurir as entranhas da terra de todo o seu cabedal, e esse ouro que poderia ser aplicado áo desenvolvimento de nossa educação, e melhoramento, fugia para Europa, conservando-se-nos em uma ignorancia quase selvagem, de modo que na epoca da nossa independencia a penas sabiamos uma rotina grosseira e miseravel de que a inda hoje nos ressentimos. Foi isso causa de ficar-mos em tudo inferiores aos paizes estrangeiros, que gosando de huma civilisação perfeita, apresentaõ huma industria, hum comercio com que naõ pademos competir.

Temos he verdade muita riqueza

☞ 2 ☜

natural, temos ricas matas, vastos e mansos portos, mas que emporta tudo isso se nos faltaõ outros meios para dar o devido desemvolvimento a riqueza natural? O que importa tantos portos se naõ temos navios nossos; se naõ temos muitos productos e perfeitamente trabalhados para offerecer-mos em troca ao do estrangeiro? Tudo pois, como dissemos, é novo, tudo está por fazer-se. E pois cumpre que os Poderes do Estado olhem para todas estas coizas, e que envidem suas forças para melhorar a sorte do povo.

Como naõ é custoso a os brasileiros acharem um meio de subsestencia? Esmoreijaõ-se os nossos agricultores, exforçaõ-se os poucos negociantes brasileiros, mas seus suores naõ compensaõ os sacreficios, elles naõ podem alar Faltos de dinheiro, elles vivem do emprestimo, ou de comprar fiado, e eitos ahi sugeitos a lei do imprestador estrangeiro, que por via de regra saõ os portuguezes. Se procuraõ a vida de caixeiros, naõ podem achar a commodaçaõ, porque os naõ recebem por serem guardas nacionaes &. Se se voltaõ para as artes ahi aparecem os mesmos embaraços. Esse commercio de retalho na escalla, e pelo mode porque he admetido, he o escólio de todas as deligencias dos brasileiros. Tudo nos vem de fora, e com tal estençaõ que nos afogamos; vem de fora sapatos, comodas, cadeiras, calsas, jaquetas & &. &. de modo que percorrendo-se a escalla dos meios devida só fica ao brasileiro o mesquinho recurso dos empregos publicos, ou a aspera vida de soldado! Epo-le continuar uma tal ordem de coizas? Naõ. Appelamos por tanto para o patriotismo dos brasileiros, ouçaõ os poderes do Estado as vozes do povo; melhore-se a nossa condiçaõ, para o que naõ faltaõ meios, e he o proprio estrangeiro, quem tudo occupa quem nos dá o exemplo Na europa naõ vai calsado feito nem outras produções d'arte; fassa-se o mesmo entre nós. Vos brasileiros, univos, comprai só a brasileiros que negoceiaõ com essas mercadorias que os estrangeiros nos man laõ, procurai com preferencia a os nossos artistas que naõ saõ menos habeis que os estrangeiros, mostrai que tendes patriotismo, e os nossos males iraõ sessando.

A VOZ DO BRASL.

Quando lançamos as vistas para o commercio d'esta cidade, naõ podemos deixar de contristarmonos ao passo que vemos as ladrueiras, que em pleno dia praticaõ esses portuguezes verdadeiramante aves de rapina; e se observarmos com attençaõ as pilhagens, os dólos, as traficancias, os monopolios, e mesmo os contra-bandos, que esses judeos fazem no caes da alfandega, diremos cheios de dor, naõ somos naçaõ, naõ somos um povo regenerado, e constituido, somos, sim, uns macacos, como elles mesmos nos appellidaõ! Vede como essas harpias se apinhaõ na praça da alfandiga a semilhança das, que polluiaõ os manjares dos Troyanos a fim de arredar-nos do mais pequeno e insignificante negocio com a maior guerra, que se pode imaginar, repellindo-nos d'esse commercio exclusivo e só delles para naõ sabermos que os generos de primeira necessidade saõ-nos por elles vendidos por altissimo preço, sendo comprados por mui baixo, donde ganhaõ cento por cento. Lançai agora as vistas para os armasens de carne secca da Rua da praia, que todos saõ delles exclusivamnnte, e vereis com magua ahi armadas essas têas de aranha, onde vaõ ter os miseros matutos a similhança de moscas, oh! meu Deos, que ladroeiras naõ praticaõ esses deshumanos! vendem-nos sempre a carne mais pôdre, e por um preço enorme; por que, disem elles, *ou dente ou oqueixo, é negocio este unicamente nosso, ninguem se atreverá á comprar nas embarcações por que já estamos concertados em coulujo com os donos d'ellas que tambem são portuguezes*: vereis nesses armasens as trocas de sedulas falsas por sedulas boas, vereis a maior ladroeira, que se pode imaginar, elles vendem a carne toda molhada para pezar bem e parecer nova e gorda, alem do que furtaõ no pêso; e que bofetadas de sello naõ prespegaõ esses malevolos em nossos patricios matutos para o-briga-los á receber essa carne, assim immunda, essas sedulas falsas, ameassando-os a tem disso com a policia? Observai mais que sendo este genero um dos mais ricos ramos de commercio, naõ ha um brasileiro, que tenha a ousadia de se estabelecer nelle, pena de sair da Rua da praia pobre, arrastrado, e desfeitiando como já tem aconte-cido por vezes; sendo, que todo este importante ramo de commercio he produçaõ do Brasil, por que esta carne he vinda do Riogrande do Sul.

Lançai as vistas para os açougues, e vereis que este ramo de industria, sendo outróra de brasileiros pobres, hoje pertence todo a os portuguezes, que ahi exercem a mais escandolosa ladroeira: que logro de toda a casta naõ praticaõ esses interesseiros com as miseraveis prêtas, captivas, que alem de tudo saõ castigadas em casa por seus senhores, por que naõ levaraõ o pêzo certo! Vede agora a maior das lastimas! vede como estaõ todas as lojas desta cidade a pinhadas, com preteriçaõ dos nossos patricios, de marmajos saltados de hontem eja mui bem vestidos, engomados, penteados e enfeitados de ricas joias, ao passo, que vimos os brasileiros esmirrados da pobreza, maltrajados, e servindo de objecto de escarneo á esses hospedes, que com afan estaõ ás portas das lojas á murmurar de quem passa chegando o seu arrôjo e ousadia, pela vida ociosa que passaõ, a detraterem atbe das familias capazes: vede tambem oque esses mercurios fasem com os matutos; que por infelicidade lhes cahem nas unhas; furtaõ-lhes o dinheiro inpingem-lhes a fasenda ordinaria e mal medida, as peças de pano capadas por dentro com 4 varas ou covados de menos Volvei agora as vistas para toda esta cidade nos dias festivos, e vereis essa falange deaventureiros montados em gordos cavallos, ou encarapitados em ricos carros a percorrer todos os lugares mais povoados, pisando nos, e enchendo nos de lama ou de poeira as nossas casacas, q' a elles memos compramos por alto preço, só com olim de requestarem nossas patricias, e corromperem as mais desvalidas com o nosso mesmo ouro, que elles escandolosamente furtão Vede como esses traficantes tem nos enchido a terra e obrasil inteiro de sedulas falsas, e como ficaõ da noite para o dia ricos: vêde como a plainaõ montes e a terraõ mares para levantarem altos palacios de gosto esquesito, mandando vir de outros paizes omarmore, a cantaria; e todos os adornos; e quando a cabaõ de fazer esses ricos alpendres, convidaõ-nos por escarneo á assistir a um pomposo baile ou festim, dedicado muitas vezes a um fim apparente para nos illudir, porem que é ou por um desastre que nós brazileiros soffremos, ou por uma grossa sôma, que adquiriraõ por meio de um contra-bando

Esses homens desalmados, esses entes corrumpidos e engratos naõ cessaõ de nos dividir por meio de sordidas e de surdas intrigas, de maneiras que sendo os brasileiros outróra hum povo unido, hum povo todo patriotico, hoje se acha d vidido por dissenções politicas, naõ havendo no brasil 6 familias bem unidas; e he dessas dissenções, que as familias brasileiras so veem sucumbidas, pobres, aterradas, e sem aquelle antigo prestigio de honra e de probidade; que tanto as caracterisava. Porem elles á semelhança da gata de Esôpo, estaõ requissimos, e a cumulados de distinções e honras brasileiras, de que as vezes se vertem, como o lobo se vestiu de suriaõ para parecer pastor.

Esses homens astutos, conhecendo que por suas malvadesas naõ poderião apossar-se do brasil, e atterrar um povo generoso, tratarão primeiramente de capetar, e de chamar a sí os brasileiros ricos e influentes por suas capacidades phisicas e morais, e de com estes se condensarem já por meio de assuciações commerciaes, e ja por meio de insinuações fingidas, mettendo-lhes o terror de que serião victimas pelas suas posições, da populaça, se se naõ unissem com os estrangeiros, gente industriosa, e sempre amante da ordem e da prosperidade do paiz. Foi desta sorte que vimos, e inda vemos todos os nosso patricios de fortuna, e prestigio unidos a esses infensos inimigos, servindo-lhes de escudo, e naõ sabemos se até de instrumento para o vilipendio, e perseguição deste infeliz povo, naõ a severaremos este ultimo pensar, porem a severamos a indissoluvel liga, q' ha entre estes e aquelles. Voltaremos sobre este mesmo assumpto.

Espalhou-se o buato que a nossa folha naõ continuaria a sahir, o quando sahisse seria em linguagem se naõ deferente a menos modificada: declaramos porem que estamos firmes no nosso proposito, e ninguem nos poderá embaraçar, por termos ao nosso favor adisposição do § 4.º do Art 179 da nossa Constituiçaõ.

Os R. R.

Pern. Typ. Liberal de F. B. Mendes Rua de Agoa-Verdes N.º 48.

ANEXO 3

O FOGUETE

O entendimento, que as verdades abre,
moteja a fama de patranhas mestras.

BOCAGE.

| PREÇO 40 rs. | SABADO 29 DE JUNHO DE 1844 | N. 1 |

Quando engolfados todos no enleio de uma politica refalsada e traicoeira se entregam a um prazer abandonador, e não curam mais do que mais lhes emporta; quando n'esse laberinto inextricavel de reacsões deixam ir seu melhor futuro, comprazendo se somente de momentaneas vinganças; quando no mais a administracaõ caminha sugeitando-se a todas as condições governativas que seus predecessores lhe legaram, e sem que a naçaõ ora d'isto se aperseba, para clamar contra violensias de cujas continùa a ser vitima, é bem que nós outros, descridos e sem fé n'essa politica de transacsões, e reacsões, provoquemos o sentimento nacional, e o consitemos a entrar no exame do nosso passado, afim de sentir a pozicão falsa em que nos axamos, procedente d'essa politica de rutina e especial, para a qual naõ carece mais oje reflexaõ, e basta um coracão perdido a patria, um genio avesso a umanidade, um animo frio e estragador.

O *Foguete* pede licensa aos tonantes do jornalismo, e aos *soi disant* amigos da monarquia, pede licensa a esses partidos e facsões que se combatem com jus excluzivo cada um de ordeiro, para tambem soltar algumas faiscas n'esse campo de Agramante, cujos possuidores unicos se apregoam, e espera que o recebam como quizerem, porque ele está rezolvido a festejar os snrs. Santos Antonio, Joaõ, e Pedro, como lhe é costume, e como se o tem consentido de tempos imemoriaes. Ninguem sertamente lhe contestará o direito que ele tem de esfoguetear, como lhe aprouver, uma vez que embalde lhe duvidaraõ a antiguidade d'esse direito, cuja autoriza exsepsaõ de prescripsaõ contra qualquer acsaõ de quem quer que for. E n'este cazo ô *Foguete* dá por testemunha a todos os vivos e mortos ha muitos seculos dos cabidos nos da Redempsaõ do genero umano por Noso Senhor JEZUS CHRISTO; dá por testemunha a todos os ilustres varões, que em periodos regulares todos os annos o trazem n'uma dubadoura, e de tempos

143

2

a ca em todas as festansas quer religiozas, quer politicas, e n'estas prinsipalmente, que os nossos estadistas tudo fazem entuziasticamente, e assim com foguetes, luminarias, *e te Deum*, ficando ao gualdido povo a noticia de toda essa traquinada dos foguetes e luminarias.

Leitores, vós o sabeis, eu vou sirvindo muito n'esta epoca; modificam-me por mil maneiras para divirtir-vos. Foguete do ar, busca pé, de roda &c. : naõ è muito que agora se veja foguete de papel. Nos estamos no reinado do industrialismo, dizem os omens de palavras gordas para vos deslumbrarem; e asim pois naõ deve produzir pasmadeira o ter a industria sabido aprezentar-me em papel, e papel solto; porque isso de me amarrarem n'uma tabora é couza do tempo do rei velho), è uma barbaridade, que se naõ deve mais praticar, e o deabo da palavra *taboca* está significando conza muito ma, bem que verdadeira e expressiva dos nossos tormentos.

Taboca, tabaquismo, é sinonimo de pobreza, de mizeria, e vós bem vêdes que nós estamos 'a este respeito no ultimo dente. Nunca se viu um paiz novo, como o nosso, taõ abuadante de recursos naturaes, com o pauperismo elevado a tanto : bem vedes que um govérno faccioso e estrangeiro è a cauza de tudo; mas deixemos isto para o tempo competente; nada de saltos, nada de abortos, tudo a seu tempo..... Vamos ao foguetismo.

Eu quero que tambem reconheçaes meu direito por titulo legitimo e moderno, o qual estabeleci desde 1822. Fizestes vossa nominal independensia; bem, ahi vim eu por ordem ministerial : dice o ministerio de entaõ = « S. M. manda que se deite luminarias e se toque *foguetes* por « amor da *glorioza* que ele gritou nos campos do ermo Ipyranga, a qual « ha-de ser indefectivelmente em prol dos *gloriozos patricios*. ». Dito e feito.

Depois a dissolucaõ da constituinte, e eu vim logo apos a carnificina, que a comissaõ militar aqui fez, por ordem do *magnanimo*, que outro segundo naõ ha nas istorias, nem mesmo em *Mil e uma noites*.

Apareceu a Constituiçaõ, essa prenda imposta pelo soberano canhaõ, pela *ultima ratio regum*, e logo o ministerio mandou dizer — « S. M. « manda renovar as luminarias e os *foguetes* para saudar a constituiçaõ « mais liberal que ja mais se tem visto no mundo, e tanto que teve a abi-« lidade de fazer brazileiros aos nascidos na terra em que nunca ouve pao « brazil, e mesmo d'entre esses aqueles que derramaram nosso sangue. »

Seguiu-se o reconhecimento da alcunhada independensia, isto è, a carta de liberdade em virtude daqual o *augusto* avô de S. M., de s*audoza* memoria, se dignou conseder-nos a liberdade por 25 milhões de cruzados, e mais pela obrigaçaõ de pagarmos as despezas que o Madeira fez na Baia, e que se fizeram em outros pontos para derramar nosso sangue, e logo — « S. M., meu bom amo, ordena que se festeje o reconhecimento da in-« dependensia que se dignou fazer o seu *soberano pai*, com luminarias « e *foguetes* » — assim o dire o ministerio.

Depois veio a instalaçaõ da assemblea legislativa em 1826, e eis de

3

novo foguetes ; seguiram-se os 25 de marso , foguetes ; os 7 de setembro , foguetes ; os 12 de oitubro, foguetes ; té 7 de abril de 1831. Entaõ os velhacos , que se apropriaram d'essa grande e jeneroza revoluçaõ , continuaram com os foguetes. Veio o facsiozõ e perturbador 20 de julho (é facto consumado snr. foguete) , e outra vez foguetes ; veio o calamitozo 23 de marso , foguetes ; veio o dois de fevereiro , foguetes ; e quantos julhos se renovam, foguetes ; dois de dezembro, foguetes ; e sempre foguetes ; e felismente acabou a mania das luminarias , porq' os atrevidos entraram a aprezentar como corrente anexim popular - *o pateta das luminarias* - , o que fez que essas senhoras se ofendessem para sempre , e como saõ muito o-liozas naõ se querem reconsiliar   Quanto a mim vou seguindo meu oficio , bem que quazi sempre me vejo em torturas.

Ora , pois que eu sou na politica brazileira , passada , prezente , e futura um elemento essensial, uma condisaõ de sua existensia, e sem a qual nada pode ir em regra , naõ é bem que me rezerve por tanto tempo , e eis a forte razaõ , que me forsa a tambem andar no mundo como entidade politica. E que muito é que isto aconteça ? Todos os dias nós vemos páos de laranjeira alvorados em fidalgotes , e decidindo ex cathedra dos negocios mais graves do Estado ; alvorados em estadistas uns melquetreles.

Eu sou efeito de uma cauza que vós , brazileiros , naõ tendes querido descortinar; é o que agora pretendo fazer. Acostumados a considerardes as couzas de maior importansia com a mesma sem scrimonia com que se tocam os foguetes , vosso entuziasmo dura tambem tanto quanto dura o brilho de suas xamas, e o fumo tudo leva sem deixar-vos a consideraçaõ de q' vos deu cauza a tanta baranal, a tanta orgia. Ja naõ posso sofrer q' a minha custa vos estejam meia dezia de espertalhões bigodeando , e por isto farei exforso por desmascaral-os. Tudo quero pelo póvo, tudo para o póvo; mas tudo quero nas instituições , e naõ no arbitrio, que os omens , na ordem social , so os considero como instrumentos passivos do soberano , que na minha lingua é o póvo.

Pelo que , provado como tenho meu direito a acsaõ proposta , espero que se m'a receba *si et in quantum* , e que afinal julgando-se provada a mensionada acsaõ se me faca justiça ; com tanto que naõ seja a justiça do snr. *Marcos mandinga*, que naõ sei si ja é com Deus ou naõ.

Pede recebimento e cumprimento de justiça , protestos necessarios , e custas.
O Foguete.

Requeiro que se assine a parte contraria dois termos improrogaveis para contrariar , pena de linsamento , e de se proceder a sua revelia.

Por meu constituinte o Foguete

O dr. minhoca.

Deferido. San Migueli 29 de junho de 1844.

O dr. ganha pão.

4

CREDO POLITICO DO FOGUETE.

Créo no pôvo unico poderozo, criador das assosiações e dos governos; créo no congresso constituinte unico filho seu, nosso organizador, que foi concebido por obra da sivilização americana, o qual nasceu do voto nacional, padeceu dissolução sob o poder de Pedro primeiro, sendo cruxificado, morto, e sepultado, descendo de sua categoria ; e, subindo depois ao seu primitivo estado, n'esta provinsia pela confederação do Equador ficou sentado ao lado do pôvo, unico poderozo, onde um dia ha-de vir a julgar aos aulicos e traidores; créo na soberania do pôvo, na brazileira nação, que deve ser somente dos brazileiros; créo na resurreição da constituinte, e na vida eterna da liberdade. Amem.

ALIANSAS.

Declaro alto e bom som que estou pronto a aliar-me com qualquer americano, que crer n'um porvir de liberdade, e nos quizer ajudar na nobre impreza de preparar lhe o caminho, ao menos com uma calsada segundo o sistema de Mac-Adam, afim que naõ axe embaraços quando se dignar descer a este mizeravel mundo brazileiro. Oh ! quanto ambiciono ver em um so acordo a familia brazileira !

CORRESPONDENSIA COM O FOGUETE.

Snr. Foguete. – Em caza da minha comadre Dona Transacsaõ sôbe que vm. estava para ser dado a luz, ou para dar a luz, o que tudo é luz, segundo aquela patimonioza mulher ; e logo me fez tuõ mais novas suas, que naõ posso deixar de opor-me a sua apariçâo. Fique vm. pois serto que foguetes naõ prestam, nem a camara os deve consentir em um paiz como o nosso no qual todas as obras politicas saõ de palha, e consequentemente de facil ardimento. Diga-me, vm. pensa que oje se pode queimar tanta palhoca, que por ahi ha sem grave damno dos seus desfrutadores ? Isto é uma imprudensia consumada. Nós que temos o previlegio exclunvo n'este mundo brazileiro, ja mais consentiremos que vm., e outros que taes, nos tirém a santa xuxadeira, e para isso conte que empregaremos todos os meios, pois é esta a orrivel legenda de nosso sistema moral.

A Deus : sêdo o aviza

O dr. Gafanhoto.

AVIZO.

O *Foguete* toma a liberdade de esfoguetear quando lhe parecer, mas antecipará a sua apariçaõ oportunamente para que o esperem.

NAZARETH – Na typ. sos do p. L. I. de A. Lima. pateo da Matriz.

ANEXO 4

O TRIBUNO.

Isto é verdade ; mas vós a não deveis dizer.

PREÇO 40 RS.   RECIFE 6 DE SETEMBRO DE 1847.   N.º 15.

Typographia União, Rua da União N. 9.

VARIEDADE.

A mulher de um impressor, em Alemanha, introduzio-se uma noite na sua officina, no momento em que se estava imprimindo uma nova edição da Biblia ; e querendo provavelmente vingar-se de alguma alteração domestica, alterou com bastante graça a sentença de obediencia conjugal, pronunciada contra Eva no § 6.º do cap. 3.º do Genesig. Tirou as duas primeiras letras da palavra *herr* (senhor) e substitui-as pela syllaba *na*; de maneira que em lugar de — *teu marido será teu senhor* —; a sentença de Deus tornou-se — *teu marido será teu bôbo*. Alguns exemplares desta Biblia forão pagos por preço exorbitante pelos amadores de singularidades.

(*Do Cearense.*)

AOS PERNAMBUCANOS.

Para que possaes votar consienziozamente, para que prefiraes os pernambucanos, vos oferéço a seguinte carta do deputado *Urbano Sabino Pessoa de Melo*, ela vos deve sirvir de padrão nas eleisões que tendes em mão.

Ouvi a vosso xefe, ó praeiros.

CARTA.

Meu caro primo e amigo. — Recife, 9 de Julho de 1842. Recebi o seu favor de 18 do mez passado, e muita satisfação tive com a noticia de sua saude.

Saiba que o nosso P. empenha todas as suas forças para excluir-me da urna eleitoral, assim como ao Nunes e Manoel Ignacio ; movido por baixas vinganças, e torpes interesses; e por isso precizo hoje, mais do que nunca, da cooperação dos meus amigos e parentes ; e como tudo confio de sua fidelidade, lhe peço que empenhe todas as suas diligencias, para que eu tenha ahi a unanimidade de votos (o que espero) assim como que escreva aos seus amigos de outros collegios, para que tenha nelles a maior votação possivel.

Recommendo ao seu valimento a reeleição dos nossos patricios Dr. Joaquim Nunes Machado, major Manoel Ignacio de Carvalho Mendonça, e Antonio Joaquim de Mello, deputados mui dignos do meu pedido, e cuja exclusão seria, alem de notoria injustiça, expo-los á perseguição... que tem merecido pela sua independencia.

Não posso levar á paciencia que uma sucia de Bahianos e Cearenses queira a força enxertar-se em a nossa deputação, e que o governo P. os proteja em tão temeraria pretenção, em prejuizo de tantos pernambuca-

—2—

nos dignos de representarem a provincia. Eu não sou barrista, *mas como a Const.* manda fazer a eleição *por provincias*, concluo daqui que cada uma dellas deve eleger os seus *filhos, e naó aquelles, que—naó tenão fixos no lugar os seus interesses, relações, familia, etc., vaó representar os interesses e partidos de sua provincia*,—Portanto, meu amigo, faça de sua parte, se concordar nestes principios, para arredar semelhante gente, que nada podendo ser em seu paiz natal, querem aqui ser tudo. Adeos, dê-me as suas determinações, que com gosto cumprirei, e disponha da vontade do seu primo amigo fiel obrigadissimo

Urbano Sabino Pessoa de Mello.

ENTAÓ O QUE FAZEM !

¿ Si é verdade, que o snr. barão da Boa-vista mandou vender a *Harana* os meus irmãos, esses dois mil filhos do povo, que vós espalhaes, vermes immundos, porque não contaes a istoria por vossas gazetas? o sr. Xixorro os mandou libertar ? por que não escreveis em letra redonda tão valiozo sirviço ?

Filhos do povo, essa facsão, que arma o povo contra o povo, essa quadrilha do Xixorro, só vive de imbustes, de calumias, e de atrocidades, quer escravizar-vos; e como só vos iludindo o pode conseguir, tudo tem empenhado para este fim.

Quando fr. João Capistrano de Mendonsa vos falar em tal mentira, primeiro conhecei que elle é baiano, e tem interesse em sustentar os seus patricios, porque pouco se dá ele de vossa gloria ; segundo pedi-lhe :—padre escreva lá isto no *Proletario*, na *Barca*, na *Pavoroza* etc., porque os guabirús não digam que é mentira sua : escreva tambem no *D.-novo*, no *Artista* etc. : assim, sim.

Faça-o meu padre em linguajem vulgar, e não em grego, e imediatamente eu mesmo, que sou tão emperrado, lhe dou credito. Pois não ! o que se põe em letra redonda, é por que é verdade.

A PAVOROZA.

Impio, e sempre impio ! sacrilego, e sempre sacrilego ! E se diz um ministro de Deos aquele que ouza aprezentar ao publico tão infame rapsodia ! ! . .

Vamos de carreira para o aniquilamento ; breve nos dà a tipografia *policial* de Mendes a martinhada, o saque, e outras producções taõ nimiamente imoraes, como essa *pavoroza iluzaõ da Eternidade*, que oje publica, com tão pessima aplicação.

Bocage mesmo, si vivera, pedira uma reparação pela injuria : essa sua obra demaziadamente livre, fazia uma omenagem a Deus, ao menos tinha este merecimento, considerava um Deus a quem a superstição faz um tirano, entretanto o rapsodista abate todas essas ideas elevadas ao Ente Supremo, té ao ponto de as passar para veraes insignificantes, e dispreziveis.

Meu Deus, perdoai ao malvado, que se esquece do que vos deve, para rebaxar-vos té a rez do xão onde pozestes vossas creaturas ; mas illuminai o povo para fujir d'esses sceleratos ; que o arruinam, e o perdem ; d'esses sacrilegos, que ouzam elevar um selvajem tão ediondo como Xixorro a altura em que vos colocastes.

—3—

A não ser esta consideração, a não ser a infamia d'essa rapsodia, nada mais ha na pavoroza iluzaõ dos *guabirus*, que mereça a minima consideração.

A BARCA DE VIJIA N. 5.

O contemporaneo ocupou-se com o artigo sobre os *indijentes*, que foi publicado em o n. 8 do *Tribuno*, e pareceu querer argumentar. Si sempre assim fôra a *imprensa policial* de Mendes, podia-se deixal-a passar.

Mas foi a *Barca* infeliz na sua contestação, e infeliz, porque não soube ler o artigo, que quiz contestar. O *Tribuno* não disse que o sr. Xixorro fosse a cauza da indijensia, e do seu abandono; bem claramente anunsiou, que a cauza da indijensia era o governo, e a palavra governo não quer dizer Xixorro.

Isto assim é lojica de Sampaio que diz ser trono sinonimo de imperador, e destemperos taes.

Entretanto sempre cabe a S. Exc. sua parte n'estes males, porque tambem está governando. Vamos porem com a argumentação da barca.

Diz a *Barca* que o meu predilecto barão da Boavista tambem é culpado da falta de azilo para a pobreza; — porque tendo tantos dinheiros, que esbanjou em obras *uteis* sim, porem não tão necessarias, nunca teve um só pensamento que dicesse respeito a pobreza.

Bom é que a verdade vai já surtindo alguma couza, vós já conheceis as *obras* do onrado barão, são uteis; e isto é já meio caminho andado.

¿ As obras que tem empreendido o sr. Xixorro são somente para fins caritativos ? Vejamos.

Em vossa antitezi dizeis que, si o barão edificou um palacio para rezidensia do prezidente, o sr. Xixorro deu impulso a um hospital. Iluzão, minha barca. Um ospital avaliado em 600 contos de reis, não recebe impulso dando-lhe 4. ¿ E que pobres verão este ospital ? os nossos ? Não. Daqui a 150 anos, vispera.... avemos de viver todos como Joze Balsamo, na imajinação de outro *Alexandre Dumas* d'essa epoca. Não conteis pois este sirviço de S. Exc.

O sr. barão, dizeis vós, mandou edificar um caes. sr. Xixorro manda estabelecer um colejio de orfans. Sim, senhor, todas duas são obras meritorias, mas vede que o colejio não está seguro, porque não tem um patrimonio, que lhe dê estabilidade, e isto se podia ter feito. E assim mesmo fraco este estabelecimento vede S. Exc. a quem entregou a administração, e dizei-me alguma couza sobre este ponto.

O sr. barão fez estradas, *uteis* ; porem que deviam ser *obras secundarias*. Deixastes passar este contrabando, minha barca. As estradas não são somente uteis, são necessarias : sem elas não pode aver prosperidade; a industria nacional morre a falta de meios de condução para o mercado. Em todos os paizes as estradas, os meios de comonicação, são considerados como objetos primarios, de necessidade indeclinavel, sem os quaes não pode a sivilização marxar. As estradas são as veias por onde passa o sangue para dar vida ao corpo social, e se não podem comparar com duas ou trez escolas no colejio dos orfãos ; bem que estas sejam uteis.

Em verdade o trabalho material da Barca de vijia, está mui lonje do complicado estudo da economia social, e por isso lhe perdoo tantas blasfemias. Quanto ao mais não merece a Barca resposta: os punhaes, bacamartes, facas de ponta, pistolas, balas, e &c. do Borjes são bem conhecidos.

Continuai n'esse estilo senhora barca, e tereis feito o maior sirviço ao destinto barão da Boavista.

NAO' HA-DE TER RESPOSTA.

¿ Quem é esse *Custodio* que em Caruarú reduziu a escravidão Fransisco Pires Quinto? como veio ele por essa precatoria do sr. Inacio Antonio Borjes? como soube ele d'isto? está prezo esse Custodio? será o Custodio do Arraial, assassino do creoulo Periquito, e que está protejido pela policia? a que partido pertense o Custodio de Caruarú? em que data deprecou o subdelegado? em que cartorio está o deprecado? porque se não publicam as comunicações oficiaes?

Respondei-me a isto, e depois voltarei. Si não responderdes ficareis convensida, senhora barca, de falsaria.

NAO' TEM VERGONHA.

Com efeito a moralidade da facsão é muito conhecida para avaliar-se a declaração do sr. Rego Ranjel. Suponde-a verdadeira, suponde mesmo que a luz que se apagou, os meninos, que xoraram, o *rus rus* do rato na vidraça, etc. etc. não desorientaram o sr. Ranjel ... ¿ os muitos outros factos estão desmentidos? Si não estão, é n'este cazo muito não ter vergonha, senhora Barca de Vijia.

SUPLICA.

Exm. Sr. Prezidente, ou quem competente for..

Tendo a policia de V. Exc. arrejimentado um esquadrão, para as reuniões noturnas, afim de tambem tirar por cá a sua *quitansa a meia noite*, assim como se diz que lá pela Irlanda se ha feito, e comparecendo n'essas reuniões, que se dizem eleitoraes, um frade, e um padre portuguez filho de Siciliano, que segundo a constituição nada tem com os negocios eleitoraes, eu Antonio Borjes da Fonseca, muito umildemente peço a V. Exc., ou a quem competir, que me deixe tambem ir a essas reuniões, dando eu fiansa de voltar para a prizão, e tomando sobre mim a responsabilidade do que me possa acontecer.

Eu bem sei, que a policia manda ir o seu rejimento armado, e que milagrozamente escapou do dente de uma bicuda o sr. Amaro Bezerra, mas assim mesmo quero correr o risco, e sujeitar-me a esta prova. Ora, Exm. Sr., V. Exc. que é majistrado sabe, que um sentensiado é alguma couza, mas que um frade no mundo politico, segundo a carta está a par do cativo, e pois, já que consente em taes conventiculos assistidos por um frade; permita-me tambem a mesma faculdade.
E. R. M.

Impressor.—*Manoel Rodrigues Pinheiro.*